C.-Paul VIALLET

JE PENSE, DONC JE SUIS

INTRODUCTION A LA MÉTHODE CARTÉSIENNE

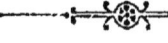

PARIS
ANCIENNE LIBRAIRIE GERMER BAILLIÈRE ET Cie
FELIX ALCAN, ÉDITEUR
108, BOULEVARD SAINT-GERMAIN, 108

1897

JE PENSE, DONC JE SUIS

INTRODUCTION A LA MÉTHODE CARTÉSIENNE

JE PENSE, DONC JE SUIS

INTRODUCTION A LA MÉTHODE CARTÉSIENNE

Grenoble, imp. F. ALLIER PÈRE ET FILS, cours Saint-André, 26.

C.-Paul VIALLET

JE PENSE, DONC JE SUIS

INTRODUCTION A LA MÉTHODE CARTÉSIENNE

PARIS
ANCIENNE LIBRAIRIE GERMER BAILLIÈRE ET Cie
FELIX ALCAN, ÉDITEUR
108, BOULEVARD SAINT-GERMAIN, 108

1897

A François Simiand,

En souvenir de la camaraderie qui nous unissait hier au Lycée, en témoignage de l'amitié d'aujourd'hui, sincère et durable.

PRÉFACE

Encore un livre sur le Discours de la Méthode! va-t-on dire. Est-il sujet plus rebattu, plus ressassé? Qu'importe? Il n'en est pas de plus français, ni même de plus actuel, puisque sous peu, grâce à M. Charles Adam, nous posséderons une nouvelle et grandiose édition des œuvres de Descartes. La présente publication est donc ainsi justifiée.

Mais peut-être alors ceux qui liront ces pages seront-ils tentés d'y chercher ce que précisément l'auteur n'a point eu la prétention d'y mettre : des vues nouvelles sur le cartésianisme, une appréciation complète et magistrale de ce vaste système, et je ne sais quoi encore de rare ou d'inédit. Ils ne trouveront, hélas! rien de semblable dans cet essai. Ce petit travail d'étudiant n'est guère qu'une compilation, consciencieuse toujours, mais souvent imparfaite. On s'y est seulement proposé de réunir quelques documents qui pourront, on l'espère, rendre service à des camarades inconnus, et leur éviter, si le cours de leurs études les amène à examiner de près la méthode de Descartes, des recherches arides et parfois ingrates.

Tout l'ouvrage, d'ailleurs, gravite autour de deux points, qui sont l'un et l'autre au seuil même de la philosophie cartésienne : qu'est-ce que le doute méthodique? qu'est-ce que le « Cogito, ergo sum » et quelles objections a-t-il fait naître ? L'auteur n'a point osé dépasser ce cadre restreint, et cependant si vaste. Dans ces limites, il s'est efforcé d'être complet, sans être sûr d'y avoir réussi. Bien que voulant rester classique, il a cependant cru pouvoir expliquer à sa façon quelques points spéciaux : par exemple le doute cartésien par une évolution régulière; certaines contradictions de texte par les nécessités d'un double enseignement, etc.; qu'on accueille avec indulgence ces rares tentatives : l'auteur sait assez combien discutables sont ces appréciations, et que ce qu'il peut y avoir de bon dans ce livre, revient de droit soit à Descartes, soit aux hommes éminents qui ont étudié et analysé l'œuvre de notre grand philosophe.

BIBLIOGRAPHIE

DES

Principaux ouvrages à consulter

Descartes. — *Œuvres*, édition Cousin, 11 volumes.
— — édition Garnier, 4 volumes.
— *Œuvres philosophiques*, édition J. Simon
— *Discours de la Méthode*, édition Charpentier.
— id. édition Brochard.
Baillet. — *Vie de Descartes.*
Bordas-Demoulin. — *Le Cartésianisme.*
Bouillier. — *Histoire de la Philosophie cartésienne.* 2 volumes.
Boutroux. — *De veritatibus æternis apud Cartesium* (Thèse).
Cousin. — *Fragments philosophiques*, troisième édition (tome I), *Sur le vrai sens du Cogito, ergo sum.*
Desdouits. — *La Philosophie de Kant d'après les trois critiques.*
Diderot. — *Encyclopédie*, article : *Cartésianisme.*
Fischer Ludwig. — *Cogito, ergo sum.* — *Dissertation inaugurale*, 1890.
Fouillée. — *Descartes.*
Kant. — *Critique de la Raison pure.* — *Dialectique transcendantale* (tome II, traduction Tissot).

Knoodt — *De Cartesii sententia : Cogito, ergo sum. — Dissertation inaugurale,* 1845.

Liard. — *Descartes.*

Maine de Biran. — *Œuvres inédites* (Édition Naville, tome I).

J. Millet. — *Descartes avant 1637.*

— *Descartes depuis 1637. — Son rôle dans le mouvement général de l'esprit humain.*

Saisset. — *Précurseurs et disciples de Descartes.*

Vallet. — *Prælectiones philosophiæ ad mentem Sancti Thomæ aquinatis* (tome I).

Plus certains passages de Malebranche, Pascal, etc., etc., bon nombre d'ouvrages de philosophes contemporains, les histoires de la philosophie, particulièrement : Fouillée *(Histoire de la Philosophie).*

Janet et Séailles *(Histoire de la Philosophie : les Problèmes et les Écoles).*

Ueberwegs-Heinze. — *Grundriss der Geschichte der Philosophie.* — (Achte Auflage. Dritter Theil. Erster Band, où l'on trouvera une bibliographie très complète).

Enfin, quelques articles de revues, notamment : *Revue Philosophique de la France et de l'Étranger* (tome XII).

INTRODUCTION

I. Tendances de la philosophie au temps de Descartes.
II. Le tempérament de Descartes. Dispositions naturelles. Dispositions acquises.

I

TENDANCES DE LA PHILOSOPHIE AU TEMPS DE DESCARTES.

Dès le xvi⁰ siècle, quelques esprits vigoureux ouvrirent les hostilités contre la scolastique. Cette philosophie, qui remplit tout le Moyen-Age, s'était si étroitement confinée dans la logique, qu'elle avait perdu de vue la réalité des choses. Elle s'absorbait dans des combinaisons de formes creuses, sans chercher à les justifier par l'expérience et par l'observation.

De là, des contradictions, des invraisemblances, des subtilités excessives; malgré les efforts de quelques grands docteurs, comme Saint-Thomas d'Aquin, elle était devenue « un « galimatias d'entités, de formes substan- « tielles, et des qualités attractives, répulsives, « rétentrices, concoctrices, expultrices, et « autres non moins ridicules [1]. » D'ailleurs, absence complète de toute originalité : cette philosophie ne connaissait qu'au travers des œuvres de l'antiquité la nature, l'âme, Dieu lui-même : l'autorité des anciens était son unique critérium.

---

[1] Encyclopédie de Diderot et d'Alembert, tome VI. — Article : *Cartésianisme*, p. 414 colonne 2. — Ce jugement sur la scolastique est excessif. Il ne faut pas oublier les noms d'Abélard, de Saint-Anselme, de Saint-Bonaventure, de Saint-Thomas d'Aquin. Toute la philosophie du XIIIe siècle surtout est pleine de vues profondes, d'enseignements féconds. Il est vrai que, peu à peu, la scolastique s'était noyée dans des puérilités telles, qu'elle était devenue si quintessenciée, que les penseurs de la fin du XVIe et du commencement du XVIIe siècle n'avaient plus pour elle que du mépris. Ils eussent donc (et Descartes avec eux) probablement approuvé la sévère critique de l'Encyclopédie. Et, comme dans ce mémoire, on désire autant que possible se replacer à l'époque où le *Discours de la Méthode* fait son apparition, on a cru pouvoir citer purement et simplement cette appréciation si rigoureuse.

Peu satisfaits des puérilités de l'enseignement officiel, lassés de la déprimante tutelle des Aristote et des Platon, beaucoup de jeunes penseurs s'efforçaient de trouver des voies nouvelles ; c'est à l'observation de la nature, c'est à la raison que les Ramus, les Giordano Bruno, les Campanella, les Balcon demandent de régénérer la philosophie. Tous ces indépendants affichent un superbe dédain de la scoslatique et de l'antiquité ; ils pressentent déjà cette thèse audacieuse de Descartes, qu'en fait de science et de philosophie, les véritables anciens sont les modernes [1], car ils profitent des expériences accumulées de leurs prédécesseurs. Ces idées faisaient des progrès lents, mais sûrs dans les esprits ; on s'acheminait ainsi vers une réforme.

Sans doute, pour consommer la rupture avec une philosophie enseignée depuis des siècles et qui se réclamait de toute la sagesse

---

[1] Baillet. *Vie de Descartes,* VIII, 10. L'auteur cite ce passage qu'il tire de fragments manuscrits laissés par Descartes : « Non est quod antiquis multum tribuamus « propter antiquitatem, sed nos potius iis antiquiores « dicendi. Jam enim senior est mundus quam tunc majo- « remque habemus rerum experientiam. »

antique, il fallait un génie libre et puissant ; sans doute, c'est le Discours de la Méthode qui a porté à la scolastique, en 1637, le coup mortel ; et Descartes est bien incontestablement le « Père de la philosophie moderne ». Mais il serait injuste de ne pas réfléchir sur ses courageux prédécesseurs quelques rayons de sa gloire : ils l'ont précédé dans sa réforme ; si leurs efforts ont été trop souvent enrayés par la routine, si bien des façons anciennes de penser se mêlaient chez eux aux nouvelles, les premiers, ils ont signalé l'insuffisance de l'ancienne philosophie et créé, contre elle, un courant d'opinion ; ils ont formé le « milieu » où s'est développé le génie de Descartes. Et c'est leur vœu secret que réalisait notre grand philosophe en renversant tout l'échafaudage de la scolastique ; ce sont leurs efforts impuissants qu'il faisait aboutir, en donnant à la philosophie sa vraie méthode, l'observation subjective.

II

LE TEMPÉRAMENT DE DESCARTES.

Dispositions naturelles de Descartes.

Mais, à côté de cette tendance générale qui était celle de l'époque, la personnalité même de Descartes est fortement empreinte dans son œuvre. Par la seule étude de ses traités et de ses lettres, on pourrait, suivant la méthode de Taine, reconstituer son caractère.

Sa volonté s'affirme dans ce doute « hyperbolique [1] » et contre nature, qui prélude à sa philosophie. Il faut une énergie toute virile pour lutter contre la croyance invincible qui s'attache à certaines de nos opinions : notre philosophe oblige sa raison à douter même des choses dont il est le plus convaincu, les vérités mathématiques.

Il avait un caractère entier et tranchant,

---

[1] C'est l'expression même de Descartes.

qui se trahit par une rupture brutale avec toute la philosophie antérieure. Ses lettres, ses réponses aux objections manifestent à maintes reprises cette disposition de son esprit[1].

Il était né aussi avec une propension naturelle à la méditation[2]; et sans compter la partie de ses œuvres qui en témoigne plus particulièrement, c'est sans doute à ce penchant que l'on doit l'introduction du fait de conscience et de la méthode subjective dans la philosophie

Dispositions acquises.

D'autres dispositions, qui se sont développées en lui au cours de ses études et de ses

---

[1] Les lettres, qu'on pourrait citer dans ce sens, sont nombreuses. Dans ses réponses à Hobbes et à Gassendi, Descartes le prend de très haut; et il est telle de ses lettres, où il devient même absolument agressif.

[2] On sait que le recteur du collège de la Flèche l'avait autorisé à demeurer longtemps au lit, et cela, non seulement à cause de la délicatesse de sa santé, mais aussi parce qu'il remarquait en lui un esprit porté naturellement à la méditation. On sait aussi, que, lorsqu'il avait sept ou huit ans, son père l'appelait « son petit philosophe ».

voyages, ont également influé sur sa doctrine. C'est d'abord l'amour des mathématiques et du clair enchaînement de leurs déductions. C'est devant elles seules que son doute hésite : un jour, poussé à bout par ses adversaires, sommé de dire si son « cogito, ergo sum » est ou n'est pas un syllogisme, Descartes semble reconnaître que son principe fondamental est une conclusion ; c'est justement à sa prédilection pour la méthode scientifique que quelques-uns attribuent ce revirement.

Dans ces rapides indications sur le caractère de Descartes, il ne faudrait pas oublier l'influence de Montaigne. Elle était encore considérable. Descartes a lu les Essais de ce charmant sceptique, et il en a conservé quelque chose, une inclination non pas à douter, mais à admettre le doute comme un procédé utile à la recherche de la vérité. On l'a dit avec raison, « si Montaigne et Charron
« n'avaient pas été les prédécesseurs immé-
« diats de Descartes, il est peu probable que
« celui-ci eût installé le doute au seuil de sa
« philosophie[1]. »

[1] CHARAUX. *De la Pensée* (notes et réflexions), 1887, p. 49.

Enfin Descartes a reçu au collège de la Flèche une éducation profondément chrétienne. Sa foi est restée vivace à travers toutes les circonstances de sa vie. Sans être un mystique, il avait cependant dans l'âme une certaine exaltation [1]. Il n'est pas invraisemblable qu'il y ait eu pour lui, dans cette fameuse nuit du 10 novembre 1619, une heure solennelle ; qu'il ait connu les angoisses du doute, et qu'il ait eu sa crise, comme Pascal, dont on l'a rapproché ; mais son scepticisme, en tous cas, n'atteignit jamais ses croyances religieuses ; et l'on a toutes les raisons de croire qu'il voulait, à Notre-Dame de Lorette, remercier Dieu de lui avoir rendu non la foi, mais la confiance en la raison. Descartes est donc chrétien convaincu ; il n'admettra pas que le doute effleure même légèrement, même « par feinte[2] », les vérités révélées.

Tel était l'homme qui devait poser, au XVII° siècle, les principes de la philosophie

---

[1] Descartes avait eu plusieurs songes, qui l'avaient vivement impressionné : il leur avait attribué une importance considérable.

[2] *Réponses aux cinquièmes objections.* Édition Cousin, t. II.

moderne. Il a paru nécessaire, au moment d'entreprendre une courte étude de son doute méthodique et de son « cogito, ergo sum », d'analyser, au moins d'une façon superficielle, le tempérament de ce philosophe, et de déterminer, comme eût dit Taine, le *moment* de son œuvre.

CHAPITRE I

LE DOUTE CARTÉSIEN

I. L'évolution du doute de Descartes : ses 4 phases.
II. Le doute méthodique. — Ses caractères : activité ; universalité ; volonté. — Son but : en quoi il se distingue de celui du scepticisme. — Ses limites : vérités morales ; vérités religieuses.
III. Le doute méthodique (suite). — Son point de départ ; idées ; jugements. — Sa marche : données des sens ; données de l'imagination ; données intelligibles (conclusions, notions simples). — Le principe de sa marche. — Ses résultats : Cogito, ergo sum ; autres résultats.
IV. Remarques sur la méthode du doute systématique.

I

L'ÉVOLUTION DU DOUTE DE DESCARTES.

1re phase.

Au moment de rompre avec les traditions séculaires de l'École, et de poser les principes d'une philosophie rationnelle, pour se mettre en garde contre l'illusion possible, Descartes entreprend de se débarrasser de tous ses préjugés, de toutes les opinions où il peut apercevoir quelque apparence d'erreur. C'est par le doute méthodique qu'il ouvre la série de ses spéculations ; et c'est par l'étude de ce doute que débutent les innombrables études sur la philosophie cartésienne.

Est-il pourtant vraisemblable que cet étrange procédé se soit présenté tout à coup à l'esprit de Descartes, et qu'il n'ait pas sa source dans une période antérieure de sa vie ? Il est difficile de l'admettre. Il serait exagéré de faire de ce génie robuste et sain un précurseur de René, un triste sceptique, traînant par le monde son incurable ennui. Mais on peut croire qu'il dut, au moins à un court moment de sa vie, désespérer de la raison humaine. Tout jeune encore, en sortant du collège, où plus d'une fois ses questions curieuses sont restées sans réponse, il est déjà frappé de l'insuffisance des sciences qu'on y enseigne. Il nous fait à ce sujet une déclaration précieuse : « Sitôt que j'eus achevé
« tout ce cours d'études au bout duquel on a
« coutume d'être reçu au rang des doctes...,

« je me trouvai embarrassé de tant de doutes
« et d'erreurs, qu'il me semblait n'avoir fait
« autre profit, en tâchant de m'instruire, sinon
« que j'avais découvert de plus en plus mon
« ignorance [1]. » Il a déjà perdu la foi à la philosophie qu'il définit un « moyen de parler vraisemblablement de toutes choses [2] ». Il parcourt alors le monde à la recherche de la vérité, fréquente les savants, observe les doctrines et les morales des pays qu'il traverse : il n'y rencontre qu'invraisemblances et contradictions ; la philosophie n'est qu'une vaste controverse où « il ne se trouve encore aucune
« chose dont on ne dispute, et, par consé-
« quent, qui ne soit douteuse [3] » ; la morale change de nature avec chaque peuple ; de tous côtés, l'ignorance, les préjugés, les théories les plus inconciliables. « Quel spectacle pour
« un philosophe ! Descartes en fut épouvanté ;
« voilà donc, dit-il, la raison humaine ! Dès
« ce moment, il sentit s'ébranler tout l'édifice

---

[1] *Discours de la Méthode*, 1re partie. Édition Cousin, t. I, p. 125.
[2] *Id.*, t. I, p. 127.
[3] *Id.*, t. I, p. 129.

« de ses connaissances[1]. » Et devant la diversité des opinions et des systèmes, à l'âge où les convictions sont encore mal affermies, ce jeune homme de 23 ans dut douter pendant une heure rapide peut-être, mais émouvante. Même après le Discours de la Méthode, on retrouve dans ses Méditations comme un ressouvenir de cette phase de scepticisme : il hésite à rejeter toutes ses opinions douteuses, de peur de n'aboutir qu'à une incertitude encore plus profonde : « De même qu'un es-
« clave qui jouissait dans le sommeil d'une
« liberté imaginaire, lorsqu'il commence à
« soupçonner que sa liberté n'est qu'un songe,
« craint de se réveiller, et conspire avec ces
« illusions agréables pour en être plus long-
« temps abusé, ainsi je retombe insensible-
« ment de moi-même dans mes anciennes
« opinions, et j'appréhende de me réveiller de
« cet assoupissement, de peur que les veilles
« laborieuses qui auraient à succéder à la
« tranquillité de ce repos, au lieu de m'ap-
« porter quelque jour et quelque lumière dans

---

[1] *Éloge de René Descartes.* Édition Cousin, t. I, p. 14.

« la connaissance de la vérité, ne fussent pas
« suffisantes pour éclaircir toutes les ténèbres
« des difficultés qui viennent d'être agitées[1]. »

2ᵉ phase.

Mais cet état d'esprit ne pouvait être que passager chez Descartes : il ne trouve pas que le scepticisme soit un « doux et mol oreiller pour une tête bien faite[2] »; il a hâte de se débarrasser de cette éternelle incertitude. Et, puisqu'il n'a trouvé la vérité ni dans les livres, ni dans le monde, il la cherchera, seul et sans aide, dans les profondeurs de sa conscience. Il examine alors la foule de ses anciennes croyances que le doute a toutes ébranlées ; mais, dans cette revue, il rencontre soudain la foi de son enfance, la foi chrétienne, qui est restée vivace dans son cœur. Le doute, dans ses combats contre la raison, n'a pu atteindre la religion : « les vérités révélées sont
« au-dessus de notre intelligence, et pour en-
« treprendre de les examiner, il est besoin

[1] *Méditation I.* Édition Cousin, t. I, p. 244.
[2] Montaigne. *Essais.*

« d'avoir quelque extraordinaire assistance du « ciel, et d'être plus qu'un homme [1]. » Leur certitude est de telle sorte, qu'il suffit de les apercevoir, pour qu'aussitôt elles reprennent sur l'esprit leur autorité persuasive. Devant leur évidence, le scepticisme de Descartes se transforme en une sorte de scepticisme *théologique :* la religion demeure vraie, même si tout le reste est douteux ; en présence de vérités d'une institution divine, la raison doit se taire et s'incliner.

3ᵉ *phase.*

Descartes cependant ne s'en tient point à cette forme plus précise du doute. Depuis qu'il a repris pied sur le sol de la certitude, il a recouvré sa confiance en la raison. Son bon sens si sûr, son intelligence, déjà grosse des futures découvertes, le convainquent aisément que les sceptiques ont tort. Descartes ne demande qu'à se rendre : la foi achève de le persuader. C'est Dieu qui a créé l'homme, pense-t-il ; il lui a donné la liberté et la raison ;

---

[1] *Discours de la Méthode.* 1ʳᵉ partie. Édition Cousin, t. I, p. 129.

la raison pour connaître la vérité ; la liberté pour se conduire dans la vie. Or, il est manifeste que l'homme se trompe sans cesse ; faut-il rendre des instruments, que nous tenons de la bonté divine, responsables de nos erreurs ? Non certes, nos facultés sont aussi parfaites qu'il est possible ; et si nous n'en faisions jamais mauvais usage, elles seraient infaillibles ; car « nous aurions sujet de croire que « Dieu serait trompeur s'il nous les avait « données telles que nous prissions le faux « pour le vrai, lorsque nous en usons bien [1]. » Or, « le premier de ses attributs consiste en « ce qu'il est très véritable et la source de « toute lumière [2]. »

4ᵉ phase.

A ce moment, Descartes n'est plus sceptique ; et cependant, l'évolution de son doute n'est pas complète. Il a recouvré sa foi en la raison humaine, mais sans pouvoir encore la

---

[1] *Principes de la Philosophie,* 1ʳᵉ partie, n° 30. Édition Cousin, t. III, p. 82.
[2] *Principes de la Philosophie,* 1ʳᵉ partie, n° 29. Édition Cousin, t. III, p. 81.

justifier philosophiquement. Au point de vue rationnel pur, il est à une période de transition entre le doute et la certitude. Il lui faut prouver que la raison peut arriver à la vérité ; il lui faut confondre le scepticisme. Il doit donc écarter systématiquement toutes les connaissances dont on pourrait contester la légitimité, et mettre l'entendement en garde contre toute espèce d'illusion et de préjugé. Tout ce qui n'est pas d'une évidence inéluctable doit être regardé comme douteux. Il faut donc conserver le scepticisme comme un préservatif contre l'erreur ; c'est le plus sûr moyen d'arriver à la vérité et de voir alors par où pèche le « pyrrhonisme ». Sous cette dernière forme, le doute de Descartes n'est plus un doute réel, né « du désespoir de connaître la vérité[1] » : c'est un doute fictif, volontairement confiné dans le domaine des spéculations philosophiques ; ce n'est plus un état passif de l'esprit, où les croyances viennent se désagréger : c'est une méthode, choisie librement, impuissante à ébranler les convictions, dont l'unique rôle est d'éliminer les opinions qui ne sont pas

---

[1] Saisset. *Précurseurs et disciples de Descartes.*

absolument certaines en droit. C'est le doute méthodique. Créé de toutes pièces par Descartes, il a une physionomie si particulière, si distincte, qu'il convient de lui consacrer une étude spéciale.

II

LE DOUTE MÉTHODIQUE.

1° *Ses caractères.*

Activité. — Le doute réel est indépendant de notre volonté. Né de l'équivalence du pour et du contre, et de ce que Kant appelle les antinomies de la raison pure, il s'impose à l'âme ; il exprime l'impuissance de notre raison lorsqu'elle n'a aucun critérium de la certitude ; c'est un état passif de l'esprit qui a pour cause la faiblesse apparente de notre entendement. Le doute méthodique au contraire manifeste essentiellement l'activité de l'âme. C'est l'âme qui l'impose à sa raison, non pas comme un système définitif, mais comme une règle pro--

visoire pour la conduite de nos pensées: il joue le rôle de critérium négatif, en attendant que l'on ait découvert les signes caractéristiques de la vérité. Étant non pas un état durable de l'esprit, mais une précaution passagère contre l'erreur, prise en toute liberté, il peut se susciter et s'évoquer soi-même, atteindre par avance nos opinions les plus lointaines, en imaginant des raisons générales de douter.

Universalité. — Il peut outrepasser les limites extrêmes du scepticisme le plus exagéré, et recevoir comme vraisemblable tous ce que l'imagination la plus fantaisiste peut invoquer contre la certitude de nos connaissances. Il est « hyperbolique » selon l'expression même de Descartes. Il s'étend ainsi à des connaissances qui paraissent inattaquables aux plus graves objections des sceptiques; telles sont les mathématiques, du moins tant qu'on les considère comme des conceptions pures de l'esprit et qu'on n'affirme pas qu'elles sont applicables objectivement, c'est-à-dire aux réalités extérieures.

Volonté. — Mais il nécessite une énergie extrême. On a fait de la volonté la faculté maîtresse du xviie siècle. Descartes ne peut que justifier cette opinion. C'est de parti pris, contre les plus invincibles tendances de l'esprit, contre le bon sens, contre la raison, contre l'évidence même qu'il doutera. Il nous le dit lui-même : les motifs de doute qu'il imagine sont quelquefois si futiles, si prodigieusement invraisemblables, que ses opinions demeurent « toutefois fort probables, en sorte « que l'on a beaucoup plus de raison de les « croire que de les nier[1] », et qu'on ne peut les déclarer incertaines que de « propos délibéré[2] ». Une invincible adhésion de l'esprit à certaines vérités très claires confond le doute réel et l'annihile : le doute méthodique, appuyé par la volonté, peut s'attaquer même à l'évidence. Mais, comme dit Descartes, « ce dessein est pénible et laborieux et une certaine paresse m'entraîne insensiblement dans le train de ma vie ordinaire[3] ».

---

[1] *Méditation I.* Édition Cousin, t. I, p. 243.
[2] *Id.*, t. I, p. 243.
[3] *Id.*, t. I, p. 244.

Ainsi le doute méthodique ne doit sa force qu'au concours d'une volonté énergique et n'est pas possible sans elle.

2° *Son but : en quoi il se distingue de celui du scepticisme.*

Actif, hyperbolique, volontaire, le doute de Descartes se distingue déjà nettement de celui des sceptiques, par son exagération même. Mais notre philosophe ne sait quelles précautions prendre pour qu'on ne le confonde pas avec ces gens « qui ne doutent que pour douter et affectent d'être toujours irrésolus[1] ». Le but qu'il poursuit est tout différent : il veut arriver à la certitude et découvrir des vérités absolument irréfutables pour le sceptique lui-même. Comme il le dit, il ne propose « au-
« cunes raisons de douter à dessein de les
« persuader aux autres, mais au contraire pour
« les réfuter[2] », et dans ce but, il suit « entiè-

---

[1] *Discours de la Méthode,* 3ᵐᵉ partie. Édition Cousin, t. I, p. 155.

[2] *Lettre au R. P. Dinet,* 1642. Édition Cousin, t. IX, p. 18. — *Cf.* aussi dans le même sens : *Réponses aux troisièmes objections.* Édition Cousin, t. I, p. 467.

« rement l'exemple des médecins qui décri-
« vent les maladies dont leur dessein est
« d'enseigner la cure[1] ». Le doute est si peu
la solution dernière du problème de la certitude, que Descartes défend que « nous nous
« servions d'une façon de douter si générale,
« sinon lorsque nous commençons à nous
« appliquer à la contemplation de la vérité[2] ».
Pour employer une expression triviale, Descartes doute pour le bon motif : or, selon
Bossuet, « c'est une partie de bien juger que
« de douter quand il faut[3] ».

3° *Ses limites.*

Vérités morales. — D'ailleurs, comme le
doute méthodique est absolument sous la dé-

---

[1] *Lettre au R. P. Dinet,* 1642. Édition Cousin, t. IX, p. 18.
[2] *Principes de la Philosophie,* 1re partie, n° 3. Édition Cousin, t. III, p. 64.
[3] Bossuet. *Traité de la Connaissance de Dieu et de soi-
même,* chapitre I, n° 16. — Malebranche dit aussi (*Recherches de la Vérité.* Livre I, chap. xx) : « Savoir douter
par esprit et par raison n'est pas si peu de chose qu'on
le pense. »

pendance de la volonté, on peut le soumettre à une limitation rigoureuse. Descartes lui abandonne toute la philosophie, mais réserve formellement deux sortes de vérités, celles de la morale et celles de la foi. Un simple procédé de méthode ne peut pas entraver la vie de chaque jour : il n'a aucune portée pratique. Or il est nécessaire que l'homme ait une règle de conduite. Descartes adoptera en toutes choses les opinions les plus modérées, les principes suivis « par les mieux sensés[1] » de ceux, avec lesquels il devra vivre. Il obéira toujours « aux lois et aux coutumes de son pays[2] ». Mais cette première restriction, exclusivement fondée sur des nécessités pratiques, n'est que provisoire. La morale, en effet, fait partie de la philosophie qui en détermine le principe et les lois. Descartes entend bien se réserver le droit d'examiner plus tard, lorsqu'il aura solidement établi sa propre doctrine, quelle valeur on peut accorder à toutes ces règles empi-

---

[1] *Discours de la Méthode*, 3me partie. Édition Cousin, t. I, p. 147.
[2] *Id.*, t. I, p. 146.

riques et quel est le vrai fondement de la morale[1].

Vérités religieuses. — Descartes conserve également une ferme croyance aux vérités religieuses. Il ne faut pas voir ici une précaution prise contre la vigilance de l'Église. On peut, à la rigueur, interpréter de cette façon ces deux lignes que notre philosophe écrivait au R. P. Mersenne, au lendemain de la condamnation de Galilée : « Je ne voudrais pour rien au monde qu'il sortît de moi un discours où il se trouvât le moindre mot qui fût désapprouvé par l'Église[2] ». Car en matière scientifique, il est douteux qu'en son for intérieur, il admît bien réellement la compétence religieuse[3]. Mais ici, ce n'est point par prudence, par

---

[1] *Discours de la Méthode*, 3ᵐᵉ partie. Édition Cousin, t. I, p. 152. « Je n'eusse pas cru devoir me contenter des « opinions d'autrui un seul moment, si je ne me fusse pro- « posé d'employer mon propre jugement à les examiner « lorsqu'il serait temps. »

[2] *Lettre au R. P. Mersenne,* 28 novembre 1633. Édition Cousin, t. VI, p. 239. — *Cf.* dans le même sens : *Lettre au R. P. Mersenne,* 10 janvier 1634. Édition Cousin, t. VI, p. 243.

[3] *Lettre au R. P. Mersenne,* 10 janvier 1634. Édition Cousin, t. VI, p. 243.

crainte des attaques de Voëtius que Descartes s'abstient : c'est parce qu'en chrétien fervent, il met la foi au-dessus de la raison, et lui reconnaît une certitude supérieure à toutes les critiques humaines. Il s'en suit que cette seconde limitation de son doute, loin d'être provisoire, est absolument définitive et sans réserve[1]. D'ailleurs il faut ajouter qu'elle n'empiète pas sur le domaine de la philosophie, et qu'elle laisse à la discussion l'idée métaphysique de Dieu : douter de Dieu, pour arriver à une connaissance plus claire de la vérité, est, dit le philosophe, « chose tout-à-fait pieuse et honnête[2] ». Cette distinction judicieuse prévient les critiques de ses ennemis et il nous fait remarquer que sur ce point ses adversaires les plus perfides ne peuvent rien invoquer de précis contre lui, de peur, dit-il, « que ceux

---

[1] Quelques-uns ont prétendu, et M. Saisset semble jusqu'à un certain point accepter cette hypothèse, que Descartes était le père de la libre pensée. L'éminent auteur de *Précurseurs et disciples de Descartes* soutient, en effet, que notre philosophe ne conserve la religion qu'à titre de règle de pratique provisoire. Cette explication me semble peu acceptable.

[2] *Lettre à Monsieur de Buitendiich*, 1643. Édition Cousin, t. IX, p. 136.

LE DOUTE CARTÉSIEN. 33

« qui savent avec quel soin j'ai excepté de
« cette abdication toutes les choses qui regar-
« dent la piété, et en général les mœurs, ne les
« prennent pour des calomniateurs[1] ».

III

LE DOUTE MÉTHODIQUE *(suite).*

4° *Son point de départ.*

Après avoir ainsi construit lui-même l'instrument de ses recherches, Descartes s'efforce
d'en faire un usage rationnel et méthodique.
Il s'agit pour lui de déterminer d'abord la
cause de nos erreurs, afin de l'éliminer. Il
dissèque, dans ce but, son entendement et
remarque que toutes les pensées qu'il contient
peuvent se ramener à l'une de ces formes :
l'idée ou le jugement[2]. « Entre mes pensées,

[1] *Réponses aux septièmes objections.* Édition Cousin,
t. II, p. 410.
[2] Descartes ajoute les volontés. Mais au point de vue
de la critique méthodique, elles peuvent se ramener aux
idées et sont aussi indifférentes qu'elles aux attaques
du doute.

« dit-il, quelques-unes sont comme les images
« des choses, et c'est à celles-là seules que
« convient proprement le nom d'idée ; comme
« lorsqu'on se représente un homme, une
« chimère...; d'autres, outre cela, ont quel-
« ques autres formes....., comme lorsque
« j'affirme ou que je nie[1] ». Ce sont alors des
jugements.

Idées. — Les idées, « si on les considère
« seulement en elles-mêmes et qu'on ne les
« rapporte point à quelque autre chose, ne
« peuvent à proprement parler, être faus-
« ses[2] ». Il est certain qu'elles existent en tant
que modes de la pensée; envisagées uniquement sous ce point de vue abstrait, elles sont
inattaquables, quelle que soit leur source,
quelles que soient les choses qu'elles représen-
tent. Elles sont comme des corps en équilibre
indifférent. L'idée de chimère, par exemple,
n'est en elle-même ni vraie, ni fausse. Elle ne
devient erronée que si nous affirmons qu'elle
correspond à un objet réel. Mais aussitôt

---

[1] *Méditation III.* Édition Cousin, t. I, p. 267.
[2] *Méditation III.* Id. Id.

elle cesse d'être idée pour devenir jugement.

Jugements. — Le « quelque chose » qui s'ajoute à l'idée dans cette transformation, c'est la volonté. Dans nos jugements, nous affirmons l'existence de l'objet que représente une idée, ou de rapports entre deux idées; il y a là un acte, qui ne peut provenir de l'entendement seul : pour affirmer, il faut vouloir affirmer. Or il peut être faux que les objets de nos idées existent et que les rapports que nous croyons saisir entre nos pensées soient réels; car nous affirmons par là des choses qui sont hors de nous-mêmes et que nous ne pouvons vérifier. Si nous nous trompons, c'est donc à cause de l'intervention de la volonté[1] : c'est cette faculté qui est la source de nos erreurs. Mais elle porte son remède en elle-même : elle peut suspendre d'une façon absolue tous nos jugements, en refusant un consentement qu'elle a trop souvent donné à la légère. Elle va entreprendre ainsi d'examiner si elle n'a point abusé de son pouvoir de juger. Désor-

---

[1] *Principes de la Philosophie*, 1re partie, n° 34. Édition Cousin, t. III, p. 84.

mais, elle se gardera de rien affirmer, avant d'avoir rencontré la certitude absolue. Cette abstention de la volonté est le point de départ du doute méthodique : ce sont les jugements qui vont être la matière sur laquelle il s'exercera.

5° *Marche du doute.*

Examiner successivement, au fur et à mesure qu'ils se présentent, tous nos jugements, n'est pas possible. Les uns sont déjà ensevelis dans la nuit du passé, les autres enveloppés dans l'avenir. Et, comme à chaque instant de notre vie, nous recevons de nouvelles « opinions[1] », si nous les critiquions une à une, nous nous condamnerions à rester dans une éternelle incertitude. A cette course vagabonde et infructueuse du doute, Descartes substitue une marche méthodique. « La ruine « des fondements, pense-t-il, entraîne néces- « sairement avec soi tout le reste de l'édi- « fice[2] », et, si l'on peut douter des principes

---

[1] Expression de Descartes, qu'il emploie constamment, notamment dans la 1ʳᵉ méditation.
[2] *Méditation I.* Édition Cousin, t. I, p. 236.

sur lesquels reposent nos jugements, les connaissances qui en dérivent seront entachées de la même incertitude. Il faut donc s'attaquer aux sources mêmes de nos opinions.

Tous nos jugements renferment des idées dont ils affirment ou nient quelque chose. Or, nos idées proviennent de deux sources : les sens et l'imagination d'une part, l'intelligence pure de l'autre.

Données des sens. — Avons-nous le droit de nous prononcer sur les premières? Sont-elles d'une certitude telle pour l'esprit que le doute ne puisse les atteindre? C'est folie que de vouloir le soutenir. Les sens ne nous font pas toujours connaître les choses telles qu'elles sont: ou du moins leurs données sont si contradictoires qu'il est impossible de leur accorder notre confiance. Ainsi un bâton plongé dans l'eau est droit pour celui qui le touche et brisé pour celui qui le regarde. Qui nous trompe ici de la vue ou du toucher? Il y a là une hésitation possible. Cela suffit pour que la volonté doive s'abstenir d'acquiescer aux données sensibles.

Données de l'imagination. — Quant à l'imagination, Pascal aura raison d'écrire qu'elle est « cette maîtresse d'erreur et de fausseté et d'autant plus fourbe qu'elle ne l'est pas toujours[1] ». Elle nous dupe sans cesse, dénaturant les choses pendant que nous sommes éveillés, et, pendant que nous dormons, nous faisant réapparaître en songe les images de la veille, bien que les objets qui les ont provoquées soient absents. Il faut donc écarter également ses données, ou plutôt s'abstenir de porter sur elles des jugements; car, on n'a aucune marque certaine « par où l'on puisse « savoir si les pensées qui viennent en songes « sont plutôt fausses que les autres[2] ».

Données intelligibles. — Les données intelligibles sont ou composées ou simples.

A) *Conclusions.* — Les premières doivent être rejetées sans hésitation. C'est, en effet, par le raisonnement qu'on les découvre. Or, il y a des gens qui se trompent en raisonnant, qui

---

[1] Pascal, *Pensées*, article III. Édition Havet, p. 35.
[2] *Principes de la Philosophie*, 1ʳᵉ partie, n° 4. Édition Cousin, t. III, p. 65. — *Cf.* aussi *Méditation I*. Édition Cousin, t. I, p. 238.

font des paralogismes. Du moins leurs déductions diffèrent de celles que l'on aurait faites soi-même. D'ailleurs, le raisonnement suppose la mémoire: suivant la pittoresque expression de M. Fouillée, « il se traîne en quelque sorte « dans la durée, d'idée en idée, enchaînant « avec peine le souvenir au souvenir [1] ». Il n'est donc légitime que sous la condition qu'il y ait de la continuité dans notre mémoire. Et nul ne peut nous garantir pour le moment que cette condition soit remplie. Par suite, il n'y a point de certitude absolue dans nos connaissances conclues; et, faute d'un critérium qui puisse lui servir de pierre de touche, le philosophe, qui entreprend de constituer une doctrine irréfutable, doit les écarter systématiquement.

B) *Notions simples et mathématiques.* — A côté des notions composées ou conclues, où la sensation et l'image entrent pour une part, le raisonnement pour l'autre, il en est qui sont essentiellement intelligibles, pures de tout élément étranger, simples par consé-

[1] M. Fouillée, *Descartes*, livre II, chapitre I, p. 86.

quent. Telles sont les notions mathématiques. Le doute s'arrêtera-t-il enfin devant elles? Il ne semble pas possible qu'il ait quelque prise sur ces données, créées de toutes pièces par l'entendement. Puisque c'est l'esprit qui construit l'idée du nombre et qui attache un sens au mot — deux —, il semble qu'il n'y ait rien de plus certain, pour nous, que cette proposition : 2 et 2 font 4. Il est bien possible que rien ne corresponde hors de nous à ce jugement. Mais tant qu'on n'en fait pas la loi du monde extérieur, peut-il ne pas être légitime? Que l'on veille ou que l'on dorme, ne se présente-t-il pas toujours à notre esprit avec une invincible nécessité? Descartes hésite ; il s'agit de mettre en doute ses connaissances préférées ; il fait pourtant un dernier pas[1]. Qui donc nous assure que le Dieu, qui nous a créés et dont la puissance est infinie, ne nous a pas faits « tels « que nous soyons toujours trompés, même

---

[1] « Les sciences de cette nature, qui ne traitent que de choses fort simples et fort générales, sans se mettre beaucoup en peine si elles sont dans la nature ou si elles n'y sont pas, contiennent quelque chose de certain et d'indubitable...... (mais) que sais-je s'il (Dieu) n'a point fait que je me trompe toutes les fois que je fais l'addition de deux et trois... » *Méditation I.* Édition Prévost, p. 110.

« dans les choses que nous pensons le mieux
« connaître¹ » ? Ou du moins, car il répugne à
notre raison que Dieu si bon, si généreux, se
joue de notre crédulité, qui nous empêche de
supposer qu'un malin génie s'attache à nous
duper sans cesse ? Ce n'est là sans doute qu'une
raison de douter bien légère et « en quelque
sorte métaphysique² ». Mais elle est plausible.
Doutons donc, doutons encore ³.

6° *Principe de la marche du doute.*

Avec cette dernière hypothèse, tout s'écroule
autour de Descartes ; il est environné de ru-
ines. Il a méthodiquement rejeté toutes les

---

¹ *Principes de la Philosophie,* 1ʳᵉ partie, n° 5. Édition Cousin, t. III, p. 65.
² *Méditation III.* Édition Cousin, t. I, p. 266.
³ L'effort destructif du doute méthodique se termine ici. Il faut remarquer, qu'à la différence de la critique de Kant, il n'a point porté sur les principes directeurs de la connaissance. Le doute cartésien en effet n'atteint pas ses propres conditions logiques, c'est-à-dire la possibilité des idées en tant qu'abstraites. C'est ce que M. Fouillée a déjà signalé. « Ce sont seulement les réalités, les exis-
« tences, qui sont mises en doute; mais Descartes ne re-
« jette pas ce qu'il appelle les *notions communes :* par
« exemple, qu'une même chose ne peut à la fois être et ne
« pas être, etc. » *Descartes,* p. 89.

connaissances conditionnées, dont la condition n'était pas donnée nécessairement avec l'idée ; et cela, parce que cette condition peut être absente à notre insu, ce qui rend incertaines les connaissances qui en dépendent. C'est ainsi qu'il a douté des données des sens qui ne sont sûres que sous la condition de la véracité des sens ; des déductions et des souvenirs, qui nécessitent la continuité de la mémoire ; des données purement intelligibles, qui n'empruntent leur certitude qu'à l'indépendance de notre entendement. Pour sortir du doute, Descartes doit découvrir une vérité inconditionnée, ou plutôt qui ait sa condition en elle-même, qui la porte avec elle, qui lui soit indissolublement unie, qui se présente avec elle dans la conscience

7° *Résultats du doute.*

Le Cogito, ergo sum. — Cette première vérité qui naît du doute même, ce premier principe de la philosophie cartésienne, c'est le *Cogito, ergo sum.*

Après la rigoureuse critique à laquelle Descartes a soumis ses connaissances, rien n'est plus certain pour lui que cet unique fait : « je doute ». Je doute, c'est-à-dire, je pense : car le doute n'est qu'un mode de la pensée. La pensée ne m'apparaît pas comme suspendue entre le ciel et la terre ; elle n'est pas impersonnelle ; je suis une chose qui pense, une intelligence ; mais cette intelligence est *mienne ;* mon doute, c'est un état de conscience relié à un sujet. J'ai l'intuition immédiate de cette union de la pensée au sujet, et je l'exprime par « je ». Je vois clairement et distinctement que la pensée n'est pas possible pour moi sans l'existence du sujet qui la supporte et qui, seul, la fixe dans ma conscience ; et, saisissant directement cette unité de la pensée et de l'être, je l'affirme par ce jugement « je suis ». Je pense a pour condition je suis, et, dans le même fait de conscience, je perçois la pensée et sa condition. Contre cette intuition, toutes les objections viennent se briser, impuissantes. Mieux encore, elles confirment ce premier principe. Je doutais, c'est-à-dire, je me persuadais de de l'incertitude des choses ; mais « j'étais sans « doute si je me suis persuadé ou seulement « si j'ai pensé quelque chose[1] ». Ce « je ne

---

[1] *Méditation II.* Édition Cousin, t. I, p. 248.

« sais quel trompeur très rusé [1] », qui m'abuse sans cesse, m'illusionne encore peut-être. Qu'il me trompe tant qu'il voudra ; « il n'y a point « de doute que je suis, s'il me trompe [2] ».

Autres résultats. — De plus, je retrouve ma pensée aussi souvent que je le désire, et, avec elle, le sentiment de mon être ; il y a par conséquent permanence de ma pensée et permanence de ma conscience et de mon existence. Cette continuité prouve que je suis une substance [3] dont la pensée est un attribut. Mais je puis encore douter de la présence de mon corps, sans que mon premier principe en soit ébranlé. Il s'ensuit que le corps n'est pas nécessaire à la pensée. Je suis donc une substance immatérielle, car je ne dépends d'aucune chose matérielle. Je ne puis me connaître que lorsque je pense, et d'autre part il me

---

[1] *Méditation II.* Édition Cousin, t. I, p. 248.
[2] *Méditation II.* Id. Id.
[3] Désirant ne point sortir du cadre strict de cette étude, l'auteur n'a pas voulu suivre Descartes dans ses considérations sur l'idée de Dieu ; mais il est acquis que cette idée intervient ici nécessairement, la continuité de notre pensée n'étant certaine pour nous que si elle est un effet de l'action divine.

suffit de cet attribut pour exister : donc la pensée est l'attribut principal de mon être, son essence ; je suis une substance immatérielle pensante. Enfin, ce qui me donne une confiance invincible dans cette proposition *Cogito, ergo sum,* c'est sa clarté : la clarté ou l'évidence est le critérium de la vérité[1].

IV

REMARQUES SUR LA MÉTHODE DU DOUTE SYSTÉMATIQUE.

Tels sont, rapidement exposés, les résultats du doute méthodique. Au point où nous sommes arrivés, nous avons rendu notre esprit indépendant et libre de préjugés et nous avons écarté tous les motifs plausibles de doute. Nous avons agi sur notre entendement dans un sens à la fois négatif et positif. Négatif, puisque nous avons chassé toutes nos opinions incertaines ; positif, puis-

---

[1] Sur les résultats du doute. *Cf. Discours de la Méthode,* 4ᵉ partie, et *Méditation II.*

« sais quel trompeur très rusé [1] », qui m'abuse sans cesse, m'illusionne encore peut-être. Qu'il me trompe tant qu'il voudra ; « il n'y a point « de doute que je suis, s'il me trompe [2] ».

Autres résultats. — De plus, je retrouve ma pensée aussi souvent que je le désire, et, avec elle, le sentiment de mon être ; il y a par conséquent permanence de ma pensée et permanence de ma conscience et de mon existence. Cette continuité prouve que je suis une substance [3] dont la pensée est un attribut. Mais je puis encore douter de la présence de mon corps, sans que mon premier principe en soit ébranlé. Il s'ensuit que le corps n'est pas nécessaire à la pensée. Je suis donc une substance immatérielle, car je ne dépends d'aucune chose matérielle. Je ne puis me connaître que lorsque je pense, et d'autre part il me

---

[1] *Méditation II.* Édition Cousin, t. I, p. 248.
[2] *Méditation II.*   Id.   Id.
[3] Désirant ne point sortir du cadre strict de cette étude, l'auteur n'a pas voulu suivre Descartes dans ses considérations sur l'idée de Dieu ; mais il est acquis que cette idée intervient ici nécessairement, la continuité de notre pensée n'étant certaine pour nous que si elle est un effet de l'action divine.

LE DOUTE CARTÉSIEN.

suffit de cet attribut pour exister: donc la pensée est l'attribut principal de mon être, son essence; je suis une substance immatérielle pensante. Enfin, ce qui me donne une confiance invincible dans cette proposition *Cogito, ergo sum,* c'est sa clarté: la clarté ou l'évidence est le critérium de la vérité[1].

IV

REMARQUES SUR LA MÉTHODE DU DOUTE SYSTÉMATIQUE.

Tels sont, rapidement exposés, les résultats du doute méthodique. Au point où nous sommes arrivés, nous avons rendu notre esprit indépendant et libre de préjugés et nous avons écarté tous les motifs plausibles de doute. Nous avons agi sur notre entendement dans un sens à la fois négatif et positif. Négatif, puisque nous avons chassé toutes nos opinions incertaines; positif, puis-

---

[1] Sur les résultats du doute. *Cf. Discours de la Méthode,* 4ᵉ partie, et *Méditation II.*

que nous avons éliminé toutes les causes d'incertitude. Nous sommes en possession d'un principe solide, d'un critérium sûr. La volonté sait désormais qu'elle ne doit donner son assentiment qu'aux idées claires et distinctes. Notre méthode se défend par ses heureuses conséquences. Dira-t-on, avec Gassendi, qu'il n'était pas besoin de tant de choses pour prouver notre existence et qu'on pouvait l'inférer de n'importe quelle action[1]. Il semble évident à Descartes qu'aucune action n'eût pu donner une pareille connaissance « pour « ce qu'il n'y en a pas une de laquelle je sois « entièrement certain, j'entends de cette cer- « titude métaphysique, de laquelle il est ici « question, excepté la pensée[2] ». Je puis sans doute dire : Je me promène, donc je suis, mais seulement « en tant que la connaissance in- « térieure que j'en ai est une pensée, de la- « quelle seule cette conclusion est certaine, « non du mouvement du corps, lequel parfois

---

[1] *Cinquièmes objections* par Gassendi *(contre la seconde Méditation)*. Édition Cousin, t. II, p. 93. — *Cf.* aussi une lettre adressée à Descartes en 1637 ou 1638. Édition Cousin, t. VII.

[2] *Réponses aux cinquièmes objections*. Édition Cousin, t. II, p. 248.

« peut être faux comme dans nos songes[1]. »

Suivra-t-on davantage le R. P. Bourdin dans ses treize objections[2]? Tout son pamphlet est aussi pédant que ridicule; il s'efforce de faire le bel esprit; mais les rieurs sont du côté de Descartes.

Aussi les efforts de la critique ne se sont-ils pas portés sur ce point. C'est au *Cogito, ergo sum* qu'on s'attaque, comme à la clef de voûte de tout l'édifice cartésien.

---

[1] *Réponses aux cinquièmes objections*. Édition Cousin, t. II, p. 248.
[2] *Septièmes objections*. Édition Cousin, t. II.

CHAPITRE II

DES PRINCIPALES CRITIQUES ADRESSÉES AU : *COGITO, ERGO SUM*

I. — *Il est stérile*. Ce principe n'est qu'une tautologie (Objection des Scolastiques).
II. — *Il est incertain* (Objection du cercle vicieux de la Philosophie cartésienne).
III. — *Il est illégitime*. Il présuppose déjà des connaissances (Objection d'Hyperapistès). — C'est un syllogisme (Objection de Gassendi). — Critiques de Kant et de Maine de Biran.

I

IL EST STÉRILE.

La première objection que l'on doive signaler est peu profonde et ne met point en doute la légitimité du « Je pense, donc je suis ».

Descartes avait affiché le plus profond dédain pour la scolastique, dont il déclarait l'enseignement vide et sans utilité : les écoles ripostent en s'efforçant de démontrer la stérilité du « Cogito, ergo sum ». Descartes, disent-elles, annonce tapageusement une philosophie nouvelle : c'est la montagne en mal d'enfant : « nascetur ridiculus mus ». Le fameux principe cartésien n'est qu'une tautologie : toute son évidence vient de ce qu'il piétine sur place sans avancer d'un pas dans l'inconnu. Dès que vous dites : *Je* pense, vous prouvez qu'avant d'avoir conscience de votre pensée, vous supposiez l'existence de votre moi. Pour vous attribuer ainsi vos états de conscience, il faut que vous vous connaissiez déjà comme leur sujet. Ce n'est pas — Cogito, ergo sum — qu'il faut dire, mais — Ego sum cogitans, — qui traduit exactement : Cogito. « Nemo scilicet sibi attribuere « potest cogitationes suas, nisi prius suppo« nat se existere qui cogitet, et qui sit suarum « cogitationum subjectum et causa[1]. » En

---

[1] Vallet. *Prælectiones philosophiæ ad mentem Sancti Thomæ Aquinatis.* Tome I, Logique. Article III. *De Criterio conscientiæ. Assertio* 3, p. 63.

ajoutant : *ergo sum,* vous ne faites que répéter : *je pense* sous une autre forme, et vous n'étendez pas vos connaissances.

Cette objection a deux points faibles.

Logiquement, on peut dire que le sujet existe avant son attribut, puisqu'il le rend possible. Mais, dans notre conscience, il n'en est plus ainsi. La pensée et le moi qui lui sert de substratum sont donnés ensemble dans une même intuition. Notre être n'est connu, ni supposé d'avance : il est vu dans la pensée même et il lui est indissolublement uni. Ce sont les deux points de vue nécessaires d'un même fait de conscience. Il est donc inexact de dire que nous connaissons notre être avant notre pensée, puisqu'ils nous sont donnés ensemble, et que même, il y a en quelque sorte priorité logique de l'apparition de la pensée. En effet, nous ne saisissons notre moi que lorsqu'il pense : c'est la pensée qui le manifeste, qui, si l'on peut dire, le localise et le définit.

D'ailleurs, comme toutes les substances, le moi ne peut nous être connu que par ses attributs. Pour entendre qu'une chose est substance, « il faut seulement que nous aperce-

« vions qu'elle peut exister sans l'aide d'aucune
« chose créée. Mais lorsqu'il est question de
« savoir si quelque substance existe vérita-
« blement, c'est-à-dire si elle est à présent
« dans le monde, ce n'est pas assez qu'elle
« existe en cette façon pour faire que nous
« l'apercevions, car cela seul ne nous découvre
« rien qui excite quelque connaissance parti-
« culière en notre pensée ; il faut, outre cela,
« qu'elle ait quelques attributs que nous puis-
« sions remarquer [1] ».

Mais cela même nous découvre le second vice de l'objection. Au moment où j'ai l'intuition de ma pensée, j'ai également celle d'un sujet auquel je la rapporte : c'est ce que j'exprime par : je pense. Mais ce sujet n'est pris ici qu'au sens phénoméniste du mot, il ne peut être conçu en aucune façon hors de la pensée. Cependant, le fait que je pense me révèle que j'existe comme une substance : la pensée est un attribut, elle est permanente, et le sujet auquel elle se rattache est sujet dans le sens substantialiste : c'est cette nouvelle

[1] *Principes de la Philosophie*, 1re partie, n° 52. Édition Cousin, t. III, p. 95.

découverte qu'implique le « Sum ». Il a donc une portée beaucoup plus considérable que le *Cogito*, qui n'est, en quelque sorte, qu'une modalité du *Sum*. Pour Descartes, « Je pense, donc je suis » n'est pas une tautologie.

II

IL EST INCERTAIN.

Une seconde objection, déjà plus grave, met en doute la certitude absolue du « Cogito, ergo sum. » Elle fait la synthèse de la philosophie cartésienne et la résume en trois propositions : la première vérité certaine, indiscutable pour moi, est que j'existe. Or j'ai en moi l'idée de Dieu et, pour des raisons multiples, je puis affirmer que Dieu existe et qu'il n'est pas trompeur. Je puis donc avoir confiance dans les facultés qu'il m'a données et proclamer certaines l'existence de mon âme et celle du monde extérieur. Arnauld, l'auteur de l'objection[1], s'efface fort habilement : c'est de vous-mêmes à vous-mêmes que j'en appelle, dit-il à Descartes ; vous écrivez : « Tout repose « sur la notion de Dieu ; ce n'est qu'en perce- « vant la perfection de cet Être que nous « pouvons affirmer sûrement notre être et que « nous parvenons à être certains de toute « réalité[2]. » Mais, d'après vous, l'existence de Dieu ne se prouve que par notre propre existence ; et, si la véracité divine est elle-même nécessaire pour que nous affirmions notre être, nous sommes enfermés dans un cercle vicieux.

Descartes réfute assez bien cette captieuse argumentation. La véracité divine n'est requise absolument qu'à deux fins : d'abord en ce qui concerne le monde extérieur, pour nous permettre d'affirmer l'objectivité des

---

[1] Le véritable auteur de l'objection est inconnu ou du moins ne m'est pas connu. C'est dans les *Deuxièmes objections*, Édition Cousin, t. I, p. 403, que je trouve la première trace de cette critique. Mais ces objections, rassemblées par le R. P. Mersenne, sont sans nom d'auteur. Arnauld a repris pour son compte l'argument du cercle vicieux *Quatrièmes objections*. Édition Cousin, t. II, p. 29.

[2] *Cf.* Dans le même sens : *Cinquième méditation*. Édition Cousin, t. I, p. 318.

idées qui sont en nous, et qui, sans l'assistance de Dieu, ne sont vraies pour nous que subjectivement. Il ne nous est pas possible de sortir de nous-mêmes et de nous identifier avec les sujets qui sont la source de nos perceptions externes : par suite, nous ne pouvons en avoir l'intuition, c'est-à-dire la connaissance certaine, claire et distincte. Il nous faut donc avoir foi en Dieu pour être sûrs que les objets de nos pensées existent réellement hors de nous.

Et secondement, en ce qui concerne « ces « conclusions dont la mémoire nous peut revenir en l'esprit lorsque nous ne pensons « plus aux raisons d'où nous les avons « tirées [1] ». Ces connaissances ne sont certaines pour nous qu'autant que la pensée aperçoit nettement « les notions et l'ordre dont elle les a déduites [2] ». Mais lorsque des conclusions, « que nous nous ressouvenons d'avoir autrefois fort clairement conçues [3] »,

---

[1] *Réponses aux deuxièmes objections.* Édition Cousin, t. I, p. 426.
[2] *Principes de la Philosophie,* 1re partie, n° 13. Édition Cousin, t. III, p. 71.
[3] *Réponses aux quatrièmes objections.* Édition Cousin,

restent seules dans notre souvenir, nous ne pouvons nous y fier que si Dieu a bien voulu mettre de la continuité dans notre mémoire. Il n'en est plus de même pour les premiers principes : ce ne sont pas des conclusions, mais des vérités connues directement, immédiatement, par une simple inspection de l'esprit. L'axiome « Cogito, ergo sum » se suffit donc à lui-même, et point n'est besoin de l'assistance de Dieu, pour que nous puissions en affirmer la certitude.

III

IL EST ILLÉGITIME.

1° *Objection d'Hyperapistès.*

Repoussée dans ses premières attaques, la critique revient à l'assaut avec plus de vigueur que jamais, et prétend démontrer que cette

---

1. II, p. 75. *Cf.* dans le même sens : *Principes de la Philosophie*, 1re partie, n° 13. Édition Cousin, t. III, p. 72.

affirmation : *Cogito ergo, sum,* est illégitime. Cette proposition implique diverses notions, dont il faudrait être certain avant de rien affirmer. Il est impossible de dire — Je pense, donc je suis, — sans avoir eu au préalable la connaissance de ce que c'est que douter, être, penser. La certitude du principe fondamental de la philosophie cartésienne n'est donc pas primitive : elle est nécessairement postérieure à celle de ces notions ; et tant que celle-ci n'est pas établie, nous ne pouvons rien affirmer de notre pensée et de notre existence[1]. Descartes répond que ces notions n'ont pas besoin d'être prouvées, qu'on en a, sans aucune recherche, cette connaissance intérieure qui est naturelle à tous les hommes. Cependant, à cause de l'ambiguïté du mot pensée, il prend la précaution d'en fixer le sens : « Par le nom de pensée, je comprends tout ce « qui est tellement en nous que nous l'aper« cevons immédiatement par nous-mêmes[2]. »

---

[1] *Deuxièmes objections.* Édition Cousin, t. I, p. 400.
[2] *Réponses aux deuxièmes objections :* raisons qui prouvent l'existence de Dieu, etc., disposées d'une façon géométrique. Édition Cousin, t. I, p. 451. — *Cf.* dans le même sens : *Principes de la Philosophie,* 1re partie, n° 9. Édition Cousin, t. III, p. 67.

« Une chose qui pense, c'est une chose qui
« doute, qui entend, qui conçoit, qui affirme,
« qui nie, qui veut, qui ne veut pas, qui ima-
« gine aussi et qui sent [1]. »

L'objection est formulée une seconde fois[2] :
Descartes répond encore qu'il est certain
qu'on ne peut être sûr qu'on pense et qu'on
existe, « si premièrement on ne sait ce que c'est
que la pensée et que l'existence[3] » mais qu'il
n'est « pas besoin pour cela d'une science
« réfléchie ou acquise[4] ».

Sous un nom d'emprunt, un certain Hyperapistès reprend encore pour son compte la même critique[5]. Descartes s'impatiente : « je
« nie tout net que nous ignorions ce que c'est
« qu'une chose, ce que c'est que la pensée,
« ou qu'il soit besoin que je l'enseigne aux
« autres, pource que tout cela est de soi si

---

[1] *Deuxième Méditation.* Édition Cousin, t. I, p. 255. — Cf. dans le même sens : *Troisième Méditation.* Édition Cousin, t. I, p. 26¹.

[2] *Sixièmes objections.* Édition Cousin, t. II, p. 318.

[3] *Réponses aux sixièmes objections* Édition Cousin, t. II, p. 333.

[4] *Réponses aux sixièmes objections.* Édition Cousin, t. II, p. 333.

[5] *Lettre à Descartes,* 1er juillet 1641. Édition Cousin, t. VIII, p. 260.

« manifeste, qu'il n'y a rien par quoi on le
« puisse expliquer plus clairement[1] ». Et
fatigué de cette objection qu'on lui représente
sans trêve, il dit dans un opuscule dialogué où
il se met en scène sous le nom d'Eudoxe:
« Je ne pense pas qu'il y ait quelqu'un d'assez
« stupide, pour avoir eu besoin d'apprendre ce
« que c'est que l'existence... la pensée et le
« doute. J'ajoute même qu'il ne se peut faire
« qu'on apprenne ces choses autrement que
« de soi-même et qu'on en soit persuadé
« autrement que par sa propre expérience et
« par cette conscience et ce témoignage inté-
« rieur que chacun trouve en lui-même[2] ».

Ses adversaires cependant ne s'avouent pas encore vaincus; ils répliquent que Descartes ne sait pas ce que c'est que la pensée, l'existence, etc... et qu'il ne peut pas le savoir, puisqu'il a tout nié. Cette fois Descartes trouve la véritable réponse. Le doute n'a pas atteint l'idée en soi, l'idée abstraite, en dehors de toute affirmation. Il n'a porté que sur les

---

[1] *Réponse de Descartes à Hyperapistès*, 25 juillet 1641. Édition Cousin, t. VIII, p. 273.
[2] *Recherche de la vérité par la lumière naturelle*. Édition Cousin, t. IX, p. 370.

jugements : « Je n'ai nié que les préjugés et
« non point les notions comme celles-ci qui se
« connaissent sans aucune affirmation, ni né-
« gation[1] ». Nous conservons donc ces notions même lorsque nous doutons de tout[2], et
nous ne les faisons entrer dans un jugement,
nous ne les affirmons que dans le fait de conscience, c'est-à-dire au moment même où nous
constatons leur existence avec une évidence
irréfutable.

2° *Objection de Gassendi.*

L'objection était mal posée : Gassendi la
reprend et la transforme. Ce n'est point d'une
notion simple qu'il faut être certain pour pouvoir dire : Cogito, ergo sum ; c'est d'un jugement. Le premier principe de la philosophie
cartésienne est un syllogisme à forme réduite,

---

[1] *Lettre à Clerselier* servant de réponse à un recueil des principales instances faites par M. Gassendi. Édition Cousin, t. II, p. 306.

[2] Nous avons déjà vu (p. 34) que le *Doute méthodique* n'avait aucune prise sur les idées en tant qu'idées ou même, selon M. Fouillée, sur les notions premières. (*Cf.* p. 41, note 3).

un enthymème, dont la majeure serait « tout ce qui pense existe » ou « le néant n'a pas de qualité ». C'est ce que Descartes indique par le mot « ergo », qu'il met en vedette dans sa fameuse proposition. *Ergo* est le signe caractéristique des liaisons logiques. Or Descartes n'a pas démontré la majeure ; par suite sa conclusion est illégitime. D'ailleurs, en supposant, ce qui paraît difficile, qu'il pût établir avec certitude la vérité de ce jugement : *tout ce qui pense existe,* il ne pourrait encore conclure légitimement à son existence. Dans l'hypothèse où il s'est volontairement placé, il s'interdit toute espèce de raisonnement jusqu'à ce qu'il se soit assuré de l'existence de Dieu : la part de mémoire, qui entre dans un syllogisme, ne le rend licite que sous la condition de la véracité divine. Or nous ne pouvons connaître Dieu et savoir qu'il est sans avoir préalablement établi notre propre existence : et celle-ci ne peut l'être que par un syllogisme, c'est-à-dire d'une façon absolument irrégulière.

Descartes se défend énergiquement et crie à la trahison : « Quand nous apercevons que
« nous sommes des choses qui pensent, c'est
« une première notion qui n'est tirée d'aucun

» syllogisme : et lorsque quelqu'un dit : je
« pense, donc je suis ou j'existe, il ne conclut
« pas son existence de sa pensée comme par
« la force de quelque syllogisme, mais comme
« une chose connue de soi : il la voit *par une*
« *simple inspection de l'esprit* : comme il
« paraît de ce que s'il la déduisait d'un syllo-
« gisme, il aurait dû auparavant connaître
« cette majeure : tout ce qui pense est ou
« existe ; mais, au contraire, elle lui est ensei-
« gnée de ce qu'il sent en lui-même qu'il ne
« se peut pas faire qu'il pense, s'il n'existe[1] ».
Notre philosophe exprime ses doléances à
Clerselier : il se plaint que Gassendi lui attribue
les paralogismes qu'il fait lui-même : l'auteur
des Instances, dit-il, veut qu'en disant : je
pense, donc je suis, « je suppose cette ma-
« jeure : celui qui pense est. Et ainsi que j'aie
« déjà épousé un préjugé... L'erreur qui est
« ici la plus considérable est que cet auteur
« suppose que la connaissance des proposi-
« tions particulières doit toujours être déduite
« des universelles, suivant l'ordre des syllo-

---

[1] *Réponses aux deuxièmes objections.* Édition Cousin,
t. I, p. 427.

« gismes de la dialectique : en quoi il montre
« savoir bien peu de quelle façon la vérité se
« doit chercher ; car il est certain que pour la
« trouver, on doit toujours commencer par les
« notions particulières pour venir après aux
« générales[1] ». Descartes établit donc très
nettement qu'il a l'intuition immédiate de son
existence.

Mais ses adversaires remarquent que, par
la suite, il paraît avoir été moins affirmatif
sur ce point. A diverses reprises, bien que mis
en garde par les objections de Gassendi, il
appelle son premier principe une conclusion.
Il écrit à Voët : « Vous niez que tout le monde
« puisse faire ce *raisonnement* : je pense,
« donc je suis. Vous voulez qu'un sceptique
« *conclue* seulement de l'*antécédent* qu'il lui
« semble qu'il existe : comme si, quelque scep-
« tique que soit un être raisonnable, il pouvait
« lui sembler qu'il existe, sans qu'il comprenne
« d'abord qu'il existe réellement, puisqu'il lui
« semble qu'il existe[2] ». Mais il est encore

---

[1] *Lettre à Clerselier* servant de réponse à un recueil des principales instances faites par M. Gassendi. Édition Cousin, t. II, p. 305.

[2] *Lettre de Descartes à Gisbert Voët*, 8ᵐᵉ partie. Amsterdam, 1643. Édition Cousin, t. XI, p. 169.

plus catégorique dans les Principes de la philosophie, qu'il publie l'année suivante : « Lorsque j'ai dit que cette proposition : je « pense, donc je suis — est la première et la « plus certaine qui se présente à celui qui « conduit ses pensées par ordre, je n'ai pas « pour cela nié qu'il ne fallût auparavant « savoir ce que c'est que pensée, certitude, « existence, et que *pour penser, il faut* « *être*[1] ».

Ceux qui veulent voir un syllogisme dans le Cogito, ergo sum — font observer que ces textes sont postérieurs au Discours de la Méthode : si bien, qu'en supposant que Descartes ait d'abord songé à renier l'origine syllogistique de son premier principe, plus tard, dans la maturité de son âge et de sa pensée, il n'a plus hésité à l'avouer. Cette hypothèse invoque également l'influence exercée sur l'esprit de notre philosophe par sa longue étude des

---

[1] Cette proposition : *Pour penser, il faut être*, est la reproduction presque identique de la majeure que Gassendi reprochait à Descartes de sous-entendre. Le passage qu'on cite ici et qui est bien connu est tiré de : *Principes de la Philosophie,* 1re partie, n° 10. Édition Cousin, t. III, p. 69.

mathématiques, et son goût pour leurs déductions si rigoureuses. — Lorsqu'il s'agira d'interpréter le Cogito, ergo sum, et de rechercher la pensée intime de Descartes à son sujet, nous nous efforcerons de prouver que ces contradictions sont plus apparentes que réelles, et que ces textes ne sont pas absolument inconciliables.

3° *Critiques de Kant et de Maine de Biran.*

Il reste à examiner la plus redoutable objection que l'on ait faite au Cogito, ergo sum. On peut la formuler ainsi : Descartes prétend connaître l'âme même à la clarté d'un fait de conscience ; « Quand la raison conclut de la « réalité de l'être pensant à l'existence d'un « sujet absolu, elle passe illégitimement d'une « unité de forme à une unité substantielle et « commet un paralogisme[1] ».

Déjà, du temps de Descartes, quelques philo-

---

[1] Boutroux : *Grande Encyclopédie* (sous la direction de M. Berthelot). Article : « Kant », n° III, p. 410, colonne 1.

sophes avaient eu comme un pressentiment de cette critique, et contestaient que l'on eût une connaissance immédiate de cette substance. Quelques-uns exprimaient des doutes sur l'immatérialité de l'âme et demandaient si la chose pensante ne pouvait être un mouvement du corps, du cerveau[1] ; d'autres, comme Hobbes, soutenaient qu'il n'est pas plus légitime de dire : je pense, donc je suis un esprit, une âme, — que : je me promène, donc je suis une promenade[2]. Avec plus de précision, Gassendi objectait à Descartes : « Encore bien « que vous connaissiez certainement que vous « pensez, vous ne savez pas néanmoins quelle « chose vous êtes, vous qui pensez ; en sorte « que, bien que cette seule opération vous soit « clairement connue, le principal pourtant vous « est caché, qui est de savoir quelle est cette « substance qui a pour l'une de ses opéra- « tions de penser[3] ».

---

[1] *Deuxièmes objections.* Édition Cousin, t. I, p. 400.

[2] *Troisièmes objections :* objection II sur la deuxième Méditation. Édition Cousin, t. I, p. 468.

[3] *Cinquièmes objections :* contre la sixième Méditation. Édition Cousin, t. II, p. 226. — *Cf.* dans le même sens : *Cinquièmes objections :* contre la deuxième Méditation. Édition Cousin, t. II, p. 122.

Mais ces objections expriment des doutes plutôt sur les résultats obtenus par Descartes que sur la possibilité de les obtenir. Aussi ce philosophe s'en est-il peu préoccupé. Il est persuadé que nous prenons connaissance de l'absolu, des natures simples par l'intuition, et que tout phénomène nous révèle une substance : aussi dans le fait qu'il pense, voit-il clairement et distinctement l'existence de la chose pensante : « L'âme n'étant qu'une chose
« qui pense, il est impossible que nous puis-
« sions jamais penser à aucune chose que nous
« n'ayons en même temps l'idée de notre âme,
« comme d'une chose capable de penser à
« tout ce que nous pensons[1]. » La critique de l'idée de substance marque un progrès de la pensée postérieur à la philosophie cartésienne : elle ne date, à vrai dire, que de Kant et de Maine de Biran.

Critique de Kant. — L'objection du philosophe de Kœnigsberg est très délicate à présenter, car elle se rattache à toute sa théorie

---

[1] *Lettre au R. P. Mersenne,* 1ᵉʳ juillet 1641. Édition Cousin, t. VIII, p. 527.

de la raison pure, qu'on ne saurait exposer sans dépasser les limites de ce travail. Il est de plus fort difficile de dégager, dans les remaniements successifs de la dialectique transcendantale, l'unité de la thèse sur le Paralogisme de la raison pure. Il faut s'efforcer cependant d'en indiquer l'essentiel.

Selon Kant, tout ce qui nous est donné de l'âme est ce fait : je pense ; il est le véhicule de tous nos concepts[1], la conscience qui les accompagne. Il implique l'idée du moi comme celle d'un sujet transcendantal de toutes nos pensées. Cette idée est une nécessité de notre esprit : elle est la conception de l'unité de la conscience qui sert de fondement aux catégories. En ce sens, c'est une fonction logique de la pensée, comprise analytiquement dans le *Cogito*[2], mais qui peut-être est en soi absolument vide de tout contenu[3].

---

[1] Kant. *Critique de la raison pure*, 2ᵐᵉ édition. *Logique transcendantale* : 2ᵐᵉ partie : *Dialectique transcendantale*, livre II, chapitre I. *Des paralogismes de la raison pure*, traduction Tissot, t. II, n° 449, p. 41.
[2] Kant. *Dialectique transcendantale*, traduction Tissot, t. II, n° 460, p. 48.
[3] Kant. *Dialectique transcendantale*, traduction Tissot, t. II, n° 454, p. 45.

Ce moi peut-il être connu et affirmé comme substance? Pouvons-nous lui attribuer une réalité objective? Descartes, qui le soutient, raisonne ainsi[1] : la pensée entre nécessairement dans toutes nos représentations et, par suite, subsiste même dans un doute universel ; mais ce qui ne peut être connu comme n'existant pas, doit nécessairement exister : ainsi, moi, qui pense, j'existe.

Mais il ne suffit pas de penser pour affirmer l'objectivité d'une chose. Sans doute, la chose en soi existe, puisqu'elle seule peut fonder la possibilité des phénomènes ; mais nous ne savons qu'elle existe que parce que nous avons l'intuition du divers sous lequel elle se présente aux schèmes de notre imagination, pour être ensuite ramenée à l'unité par les catégories de notre entendement. A cette intuition sensible qui nous révèle l'existence des objets extérieurs, correspond-il une intuition intellectuelle du moi[2]? Non : nous ne percevons

---

[1] Kant. *Dialectique transcendantale,* traduction Tissot, t. II, n° 473 (note 1), p. 59.

[2] Kant. *Dialectique transcendantale,* traduction Tissot, t. II, n°⁸ 458, p. 47, — 459, p. 48, — 473, p. 59, — 460, p. 48.

notre pensée qu'unie aux objets auxquels elle s'applique, mais jamais séparée de ces objets et en elle-même. D'ailleurs, une telle intuition serait impossible, car la conscience du moi, étant la condition des intuitions, doit les précéder toutes. Affirmer l'objectivité du moi est donc illégitime.

Même en supposant que cette intuition du moi soit possible, on ne pourrait faire entrer cette idée dans le moule des catégories et la transformer en concept. Il est, par exemple, impossible de considérer comme substance l'ensemble de nos états de conscience, en tant qu'ils sont liés entre eux nécessairement; car, le schème qui sert de signal à l'application de la catégorie de substance est la permanence dans le temps [1] : de deux phénomènes simultanés, l'un subsiste, tandis que l'autre passe pour être remplacé par un nouveau phénomène. Cette simultanéité implique l'espace : or, les phénomènes psychologiques ne sont donnés que dans le temps.

Puisqu'aucune connaissance immédiate de l'âme substance n'est possible pour nous,

---

[1] Kant. *Dialectique transcendantale*, traduction Tissot, t. II, n° 466, p. 52

peut-on la connaître médiatement? Non, car il faudrait d'abord avoir démontré la majeure — tous les êtres pensants sont des substances, — ce qui est impossible : c'est là, en effet, un jugement synthétique plus compréhensif que le concept qui lui sert de fondement. Au surplus, en accordant encore ce point, il serait illégitime d'en conclure : je me connais comme être pensant, donc je suis une substance. Le syllogisme aurait en effet quatre termes [1] : l'être pensant dans la majeure est pris comme être en soi pensant, c'est-à-dire absolument, sous tous les rapports, et par suite pouvant être donné comme tel en intuition. Dans la mineure, au contraire, il s'agit d'un être qui se pense lui-même comme pensant, qui est être pensant pour soi.

Il s'ensuit que le moi n'a qu'une valeur logique : c'est un sujet transcendantal, conçu comme nécessaire pour supporter nos pensées et pour servir de second terme au rapport que notre condition nous force à établir, dans nos représentations, entre les objets pensés et un sujet qui les pense. Ainsi, *ergo sum* tire son

[1] Kant. *Dialectique transcendantale,* traduction Tissot, t. II, nº 465, p. 51.

origine d'une confusion : « je me pense moi-
« même au moyen d'une expérience possible,
« tout en faisant encore abstraction de toute
« expérience réelle. Je prends par conséquent
« l'abstraction possible de mon existence em-
« piriquement déterminée pour la prétendue
« conscience d'une existence de moi-même
« pensant considéré abstractivement [1] ».

En somme, Kant prétend que le moi n'est
que l'unité synthétique à laquelle nous rame-
nons nos perceptions : ne concevant mes représentations que comme unies les unes aux
autres, et ayant conscience de leur réunion,
j'en affirme le lien un et indivisible ; mais ce
n'est là qu'une nécessité subjective, que je ne
puis ériger en substance.

N'est-il pas cependant contradictoire de
parler de *mes* perceptions, sans avoir conscience du moi indépendamment de mes perceptions ? Comment la pensée peut-elle orienter
sa faculté synthétique vers un moi, si elle est
en soi impersonnelle ? Nous avons une répugnance invincible à concevoir le moi comme

---

[1] Kant. *Dialectique transcendantale. Conclusion de la solution du paralogisme psychologique.* Édition Tissot, t. II, n° 476, p. 62.

l'acte de la pensée et non comme le sujet de cet acte, à n'y voir qu'un lien verbal et non quelque chose de réel. Kant lui-même glisse au milieu de sa critique si rigoureuse cette étrange affirmation : « dans la conscience de moi-même, en tant que je pense purement et simplement, *je suis l'être même*, mais assurément, rien par là de cet être ne m'est donné que je puisse penser[1]. »

D'ailleurs, comme le fait remarquer M. Desdouits[2], Kant suppose que le moi est connu comme conclusion, tandis qu'il est perçu directement comme force, comme pouvoir dans l'acte volontaire.

Critique de Maine de Biran. — C'est précisément sur ce point que Maine de Biran se sépare de Kant. Comme le philosophe allemand, il conteste absolument la légitimité du Cogito, ergo sum, mais il y substitue cette proposition : j'ai conscience de faire effort,

---

[1] Kant. *Dialectique transcendantale. Observation générale.* Traduction Tissot, n° 479, p. 65, du tome II.

[2] Desdouits. *La Philosophie de Kant d'après les trois critiques.* Deuxième partie : *Discussion du système de Kant.* Première section, chapitre V, n° 1, p. 314.

donc je suis. Sa critique est ainsi moins générale, moins exclusive que celle de la Dialectique transcendantale ; mais en ce qui concerne le principe cartésien, elle est aussi rigoureuse. Ajoutons que l'objection de Maine de Biran est posée à la française, en termes clairs, je veux dire compréhensibles.

Dans le Cogito, ergo sum, de Descartes, il y a deux éléments de nature hétérogène : « l'un « psychologique, le moi actuel de la conscience; « l'autre ontologique, le moi absolu, l'âme ou « substance pensante [1] ». Y a-t-il identité logique entre ces deux termes? Avoir, par sa pensée, conscience de soi, c'est exister pour soi : mais être une chose en soi ou une substance, c'est au contraire exister en général et objectivement [2]. Pour que l'on pût donner comme un fait primitif la double intuition du moi saisi dans la pensée et du moi substantiel, il fau-

---

[1] Maine de Biran : *Exposition de la Doctrine philosophique de Leibniz*. Édition Cousin, t. IV, p. 312.

[2] Maine de Biran : *Essai sur les fondements de la psychologie*. 1re partie : *Analyse des faits primitifs du sens intime*. Section 1re : *Considération sur les divers systèmes de philosophie relativement à l'analyse des faits primitifs.* — Chapitre I, *Système de Descartes*. — Édition Naville : *Œuvres inédites de Maine de Biran*, t. I, p. 148.

drait que, dans la conscience, la pensée fût donnée comme l'attribut fondamental de la substance[1]. Mais, « lorsque je dis moi et que
« je me rends témoignage de ma propre exis-
« tence, je suis pour moi-même non point
« une chose ou un objet dont j'affirme l'exis-
« tence en lui donnant la pensée pour attribut,
« mais un sujet qui se reconnaît et s'affirme
« à lui-même son existence en tant qu'il
« s'aperçoit intérieurement, ou qu'il pense.
« Cette aperception ou cette pensée intérieure
« constituant toute l'existence du sujet, ne
« peut être l'attribut d'un autre sujet plus
« reculé, puisque, hors du moi, il n'y a rien
« pour la conscience ; elle peut encore moins
« être l'attribut d'un objet, puisqu'il n'y a point
« encore d'objet[2] ». Dans le fait de conscience, je découvre mon existence individuelle, celle du moi, sujet distinct de tout objet représenté ou conçu : et je ne fais qu'exprimer la liaison phénoménale directement aperçue entre ce sujet et ma pensée, en disant : je pense, donc

---

[1] Maine de Biran. — Édition Naville: *Œuvre citée*, t. I, p. 152.
[2] Id., t. I, p. 152.

j'existe pour moi-même [1]; mais, si l'on ajoute : j'existe substantiellement, la proposition n'a plus aucune valeur logique : nous n'avons pas la connaissance objective de la substance hors de la pensée même. Identifier ainsi l'existence aperçue du moi et l'existence absolue de la chose pensante est illégitime : c'est confondre l'âme substance telle qu'elle est objectivement et en elle-même, avec le moi ou sujet pensant, qui n'existe qu'autant qu'il se connaît; c'est confondre « les deux valeurs du terme « *exister*, ou les deux points de vue de l'exis- « tence subjective et objective, relative et « absolue[2] », que Descartes lui-même avait pris tant de soin de distinguer. Sans compter qu'on ouvre ainsi la porte au matérialisme, s'il établit que la pensée n'est pas continue[3].

On a répondu à cette objection : « Le moi « actuel de la conscience, c'est-à-dire chaque « opération de la pensée, emporte le moi « absolu ou l'âme, substance pensante. Je ne « saurais me dire *moi* dans tel ou tel acte

---

[1] Maine de Biran. — Édition Naville : *Œuvre citée*, t. I, p. 149.
[2] Id., t. I, p. 155.
[3] Id., t. I, p. 153.

« mental, qu'autant que je puis me dire *moi*
« indépendamment de tout acte, par l'*idée*
« *générale de l'être* ; elle passe dans les moi
« successifs auxquels elle donne naissance et
« les enchaîne au moi permanent[1] ». Quoi
qu'il en soit, il faut reconnaître que nous ne
pouvons avoir l'intuition directe de notre âme,
en dehors de ses phénomènes. Nous ne la
saisissons jamais qu'au travers de ses modifications ; mais, atavique ou non, c'est un besoin invincible de notre esprit d'affirmer l'existence d'une âme substantielle, et si c'est là une
illusion, Kant avait raison de croire qu'il ne
pourrait la dissiper.

[1] Bordas-Demoulin. *Le Cartésianisme.* Partie III, *Considérations générales.* — Chap. II. *Partir de soi, restant en soi et partir de Dieu,* p. 504.

CHAPITRE III

INTERPRÉTAMION DU *COGITO, ERGO SUM*

I. — Vue d'ensemble de la théorie cartésienne du Cogito, ergo sum.
II. — Cette théorie est celle de Descartes.
III. — Conciliation proposée entre les textes qui posent le Cogito, ergo sum, comme dû à l'intuition et ceux qui le donnent comme obtenu par un syllogisme.
IV. — Raisons qui justifient cette conciliation.
V. — Le Cogito, ergo sum, devant la critique moderne.

On vient d'assister aux assauts réitérés et chaque fois plus redoutables qu'a dû soutenir le premier principe de la philosophie cartésienne. Il serait glorieux maintenant de proclamer qui l'a emporté, dans cette lutte de deux siècles, de Descartes ou de ses adversaires ; mais pour se prononcer dans un tel débat, il faudrait avoir beaucoup étudié, beaucoup retenu, beaucoup pensé ; il faudrait avoir une maturité d'esprit que donnent seules les années.

Des hommes, que leur compétence désigne pour former ce jury d'honneur, nous ont dit et nous diront encore quelle est, au point de vue métaphysique moderne, la véritable signification du Cogito, ergo sum, et si les objections qu'on a formulées contre ce principe sont valables.

Mais peut-être n'est-ce point sortir du cadre de cette étude exclusivement historique que de rechercher quelle était, pour Descartes lui-même, la signification de ce même principe, et si, à ce point de vue tout personnel, les critiques de ses contemporains et de ses successeurs lui étaient opposables. Pour répondre à cette double question, il est nécessaire de résumer, en quelques traits, la théorie primitive du : Je pense, donc je suis.

I

VUE D'ENSEMBLE DE LA THÉORIE CARTÉSIENNE DU COGITO, ERGO SUM.

Supposons avec Descartes que tout soit incertain pour nous. Nous qui faisons ces suppositions, ne serons-nous point quelque chose? Des sens? Un corps? Hélas! il se peut que rien de tout cela n'existe. Soit; mais sommes-nous tellement dépendants de la matière, que nous ne puissions être sans elle? Tant s'en faut : *nous sommes* si *nous nous* persuadons quoi que ce soit.

C'est qu'en effet, toutes nos connaissances révoquées en doute, il reste en nous la conscience de notre doute, sans laquelle nous ne pouvons savoir que nous doutons, et par suite de l'existence nécessaire du moi qui doute ou qui pense.

Le moi, qu'est-il? Sûrement une *chose* qui pense; et remarquons ici que Descartes, sans que peut-être il l'ait fait avec intention, paraît poser le moi comme un sujet essentiellement actif. Nous ne sommes pas une pensée, qui se pense sous la forme d'un moi, comme le prétendent les philosophes modernes, mais une chose qui pense, un esprit, une raison, un être, qui peut-être bien, s'il cessait totalement de penser, cesserait en même temps tout-à-fait d'exister, un être, dont la pensée peut bien constituer l'unique attribut ou, comme on dit, l'essence, mais dont elle n'est qu'un attribut. C'est le moi qui crée la pensée et non la pensée qui crée le moi. Que suis-je? dit Descartes : « *Celui-là même* qui maintenant doute presque de tout. »

Le moi nous apparaît ainsi toutes les fois que nous pensons et aussi longtemps que nous pensons. Mais, toutes les fois que je l'ai voulu, j'ai pensé : en le voulant, je pensais déjà ; et il n'est pas un moment de ma vie qui ne soit occupé par quelque pensée. Aussi le moi n'est-il pas un sujet éphémère, qui expire et renaît à chaque instant ; dans ma conscience je le vois nettement permanent comme ma pensée : j'ai donc l'intuition de mon âme même, en tant qu'elle pense.

Cette connaissance m'est-elle acquise par

un raisonnement? par une analyse? par une synthèse de deux faits donnés séparément? Non, tous ces procédés nécessiteraient un effort, et j'ai conscience de n'en point faire. Je vois, par une simple inspection de mon esprit, mon existence et ma pensée indissolublement unies. Descartes écrit à un de ses amis :
« Cette connaissance n'est point un ouvrage de
« votre raisonnement, ni une instruction que
« vos maîtres vous aient donnée : *votre esprit*
« *la voit*, la sent et la manie[1] ».

---

[1] *Lettre à M.****, 1648. Édition Cousin, t. X, p. 131. — Voici au surplus la fin de cette phrase : « et quoique votre « imagination, qui se mêle importunément dans vos pen-« sées, en diminue la clarté, la voulant revêtir de ses « figures, elle vous est pourtant une preuve de la capacité « de nos âmes à recevoir de Dieu une connaissance intui-« tive. » Il s'agit donc bien, comme on le soutient, d'une intuition. Mais pour qu'aucun doute ne puisse subsister à cet égard, il faut rapprocher de cette citation un autre passage de la même lettre (p. 130), où Descartes définit de son mieux cette intuition et oppose la clarté des connaissances qu'on lui doit à l'obscurité des notions qu'on acquiert par le raisonnement : « La connaissance intuitive « est une *illustration de l'esprit* par laquelle il voit en la lu-« mière de Dieu les choses qu'il lui plait lui découvrir par « une impression directe de la clarté divine sur notre en-« tendement, qui en cela n'est point considéré comme « agent, mais seulement comme recevant les rayons de « la divinité. Or, toutes les connaissances que nous pou-« vons avoir de Dieu sans miracle en cette vie descendent

La conscience, qui nous révèle ainsi une âme pensante, nous la fera-t-elle connaître parfaitement? Non, car « qui a jamais telle« ment connu aucune chose qu'il sût n'y « avoir rien en elle que cela même qu'il « connaissait [1]? » Une seule connaissance est actuellement certaine pour nous : l'union intime du moi et de la pensée, et cela parce qu'elle nous est révélée directement par intuition : ce que nous savons bien, c'est que notre âme a pour attribut la pensée[2]; de plus, que cet attribut constitue l'essence de notre moi, puisqu'il nous est impossible de percevoir ce moi hors de la pensée.

Mais, dans cette intuition de ma substance, je ne vois point mon corps ; or, s'il appartenait

---

« du raisonnement et du progrès de notre discours, qui
« les déduit des principes de la foi, qui est obscure; ou
« viennent des idées et des notions naturelles qui sont en
« nous, qui, pour claires qu'elles soient, ne sont que gros-
« sières et confuses sur un si haut sujet : de sorte que ce
« que nous avons ou acquérons de connaissance par le
« chemin que tient notre raison a premièrement les ténè-
« bres des principes dont il est tiré, et de plus l'incerti-
« tude que nous éprouvons en tous nos raisonnements. »

[1] *Réponses aux deuxièmes objections.* Édition Cousin, t. I, p. 411.

[2] *Méditation II.* Édition Cousin, t. I, p. 251.

à mon âme, il me serait donné dans la conscience avec ma pensée, tandis que je peux penser même en doutant de son existence. J'ai donc ici non pas l'intuition, mais l'idée claire et distincte que l'étendue n'est pas un attribut de mon être. Or, les idées claires et distinctes sont vraies : d'abord, leur netteté prouve le bon usage de notre entendement; ensuite, elles portent en elles le maximum d'évidence possible, évidence qui, ne pouvant venir du néant[1], doit nécessairement exprimer le degré du rapport de l'idée à sa cause.

Je puis donc affirmer que je suis une substance pensante et immatérielle, les deux premiers caractères de mon être m'étant donnés par une intuition, et le dernier par une conception si claire « qu'il n'y a rien à rechercher davantage[2] ».

---

[1] *Méditation III.* Édition Cousin, t. I, p. 273-275.
[2] *Réponses aux deuxièmes objections.* Édition Cousin, t. I, p. 432.

II

Telle est, semble-t-il, la doctrine de Descartes. Mais en présentant ici ses découvertes comme dues, dans sa pensée, à des intuitions, on s'oblige à justifier cette thèse, et à concilier avec elle les déclarations contraires qu'invoquent Gassendi et ses partisans.

Il est d'abord invraisemblable que Descartes ait voulu établir son premier principe par un syllogisme : de tous les procédés d'école, c'est celui qu'il juge le plus méprisable et le plus stérile : « pour se convaincre, dit-il, que cet
« art syllogistique ne sert en rien à la décou-
« verte de la vérité, il faut remarquer que les
« dialecticiens ne peuvent former aucun syllo-
« gisme qui conclue le vrai, sans en avoir
« eu avant la matière, c'est-à-dire sans avoir
« connu d'avance la vérité que ce syllogisme
« développe. De là, il suit que cette forme ne
« leur donne rien de nouveau ; qu'ainsi la
« dialectique vulgaire est complètement inutile
« à celui qui veut découvrir la vérité, mais que

« seulement elle peut servir à exposer plus
« facilement aux autres les vérités déjà con-
« nues, et qu'ainsi il faut la renvoyer de la
« philosophie à la rhétorique[1] ».

Mais, pour donner tort à Gassendi, il ne suffit pas de montrer l'invraisemblance de son hypothèse, il faut établir qu'elle est en contradiction avec tout le système de Descartes. Un syllogisme, au seuil de cette philosophie, serait la négation de tant de précautions prises dans la recherche de la vérité. Le syllogisme est, en effet, l'instrument de la déduction, c'est-à-dire de cette opération « qui, d'une chose
« dont nous avons la connaissance certaine,
« tire des conséquences qui s'en déduisent
« nécessairement[2] ». Or, dans le doute méthodique, la déduction est éliminée, parce qu'elle « emprunte en quelque sorte toute sa
« certitude de la mémoire[3] », et qu'ainsi ses résultats ne sont légitimes que conditionnelle-

---

[1] *Règles pour la direction de l'esprit :* règle n° 10. Édition Cousin, t. XI, p. 256.

[2] *Règles pour la direction de l'esprit :* règle n° 3. Édition Cousin, t. XI, p. 213.

[3] *Règles pour la direction de l'esprit :* règle n° 3. Édition Cousin, t. XI, p. 214.

ment. Par suite, le syllogisme est, lui aussi, systématiquement écarté.

Il y aurait d'ailleurs à son emploi une impossibilité matérielle : l'absence de toute majeure. On reproche à Descartes de n'avoir pas démontré la vérité de ce principe : tout ce qui pense existe. On a tort. Cette proposition générale est prouvée par la nécessité de la proposition particulière d'où elle est tirée : mais, par suite, elle ne précède pas la connaissance particulière. C'est en effet de notre propre existence que nous induisons l'existence nécessaire de tous les êtres pensants. C'est le propre de notre esprit de former ainsi des axiomes généraux de la connaissance de faits particuliers[1].

Objecte-t-on que Descartes reconnaît que le jugement : pour penser, il faut être[2] — est antérieur à cette affirmation : je pense, donc je suis ? Il faut ici faire une distinction : pour moi-même, lorsque je doute de toutes choses,

---

[1] *Réponses aux deuxièmes objections.* Édition Cousin, t. I, p. 427. « C'est le propre de notre esprit de former des propositions générales de la connaissance des particulières. »

[2] *Principes de la Philosophie,* 1re partie, n° 10. Édition Cousin, t. III, p. 69.

et que je rencontre dans ce doute le témoignage de ma propre existence, je n'ai que la connaissance d'un fait de conscience, et rien ne la précède dans mon entendement[1]. De cette connaissance absolument primitive, je tire alors, toujours pour moi, cette proposition générale et nécessaire selon la condition de mon esprit : tout être pensant existe. Je vois ainsi, je constate le principe général dans le fait particulier. En suivant l'ordre psychologique, je découvre donc le fait particulier avant le principe universel.

Mais d'où vient que j'aperçoive dans ma conscience la pensée indissolublement rattachée à mon existence? Cela vient précisément de ce que cette proposition : tout être pensant existe — est la loi imposée par Dieu aux créatures qui pensent[2]. C'est parce que c'est une

---

[1] *Réponses aux deuxièmes objections.* Édition Cousin, t. I, p. 427.

[2] *Lettre au R. P. Mersenne,* 15 avril 1630. Édition Cousin, t. VI, p. 109. — On y voit que l'origine des propositions générales et des premiers principes est bien dans la volonté divine : « Les volontés métaphysiques, lesquelles « vous nommez éternelles, *ont été établies de Dieu* et en « dépendent entièrement aussi bien que tout le reste des « créatures ; c'est, en effet, parler de Dieu comme d'un « Jupiter ou d'un Saturne, et l'assujettir au Styx et aux

loi pour la pensée d'exister nécessairement et dans un sujet que nous sommes, lorsque nous pensons, des sujets pensants et que nous nous reconnaissons comme tels. Ainsi, quoique déduite de la singulière, la proposition générale en est le principe et se trouve précéder en droit et logiquement le fait de conscience, parce qu'elle est précisément la loi de production de ce fait de conscience. Mais, en fait, elle ne nous est connue qu'après lui.

Cette objection étant écartée, il est certain que toute déduction était impossible à Descartes. On peut faire rapidement la contre-épreuve en montrant que le Cogito, ergo sum, remplit les conditions exigées pour l'intuition. Il y en a deux, selon notre philosophe : « savoir que la proposition apparaisse claire « et distincte, ensuite, qu'elle soit comprise « tout entière à la fois et non successive-

---

« Destinées que de dire que ces vérités sont indépen-
« dantes de lui. Ne craignez point, je vous prie, d'assurer
« et de publier partout que c'est *Dieu qui a établi ces lois*
« en la nature, ainsi qu'un roi établit les lois en son
« royaume. Or, il n'y en a aucune en particulier que
« nous ne puissions comprendre si notre esprit se porte
« à la considérer, et elles sont toutes *mentibus nostris*
« *ingenitæ*, etc. »

INTERPRÉTATION DU « COGITO, ERGO SUM. »

« ment[1] ». Personne ne songera à contester qu'il ait conscience, d'une façon claire et distincte, d'exister comme être pensant. Quant à la simultanéité de la pensée et de l'existence, elle est telle qu'il nous est impossible de concevoir que nous puissions penser sans exister : tous les efforts que l'on peut tenter pour séparer la pensée de l'existence se brisent devant la répugnance invincible de notre esprit[2] et devant l'irrécusable témoignage que la conscience nous apporte de leur union nécessaire. Aussi Descartes dit-il, à maintes reprises, que « chacun peut voir intuitivement qu'il existe, qu'il pense, etc.[3] ».

Mais, dit-on, s'il en est ainsi, quel peut être, dans le *Cogito, ergo sum,* le sens de *ergo*, de cette formule propre aux conclusions? *Ergo* ne marque ici que la nécessité du rapport des phénomènes au sujet qu'ils manifestent. Dans le fait de sa pensée, le moi, dans un même moment, prend conscience de lui-même à la

---

[1] *Règles pour la direction de l'esprit*, règle n° 11. Édition Cousin, t. XI, p. 257.
[2] *Principes de la Philosophie*, 1re partie, n° 7. Édition Cousin, t. III, p. 66.
[3] *Règles pour la direction de l'esprit*, règle n° 3. Édition Cousin, t. XI, p. 212.

fois comme existant et comme pensant : et c'est pour exprimer l'instantanéité et l'indivisibilité de ce double fait que Descartes emploie *ergo*; mais de l'acception logique de ce mot, il se soucie fort peu. Il semble d'ailleurs avoir prévu qu'on lui chercherait querelle à ce propos, lorsqu'il écrit : « Je veux avertir en « général que je m'inquiète peu du sens que, « dans ces derniers temps, l'école a donné « aux mots [1] ».

Cousin, qui soutient aussi[2] que Descartes n'a pas voulu déduire son existence de sa pensée, et qu'il les a nettement posées comme perçues ensemble dans un même fait de conscience, explique en ces termes l'emploi de *ergo* : « Descartes montre la simultanéité de « la conception de l'existence et de l'aperception « de la pensée : et ce rapport de simulta- « néité, il l'exprime par *ergo* [3]. »

---

[1] *Règles pour la direction de l'esprit :* règle n° 3. Édition Cousin, t. XI, p. 212.
[2] Cousin. *Fragments philosophiques*, 3ᵐᵉ édition, 1838. *Sur le vrai sens du Cogito, ergo sum,* t. I, p. 334-343.
[3] Cousin. *Sur le vrai sens du Cogito, ergo sum.* — *Fragments philosophiques,* 3ᵐᵉ édition, 1838, t. I, p. 342.

III

CONCILIATION DES TEXTES CONTRADICTOIRES.

Mais alors, que vont devenir les textes si précis où Descartes pose le *Cogito, ergo sum,* comme conclusion ? Ces textes, on les conservera précieusement : ils sont une preuve des infinies ressources de ce vigoureux génie, qui, tout en planant bien haut au-dessus de son siècle, savait mettre à la portée de ses contemporains le résultat de ses spéculations. Ces textes, loin d'être inconciliables avec la doctrine primitive de Descartes, la complètent au contraire.

D'ailleurs, en admettant l'hypothèse d'une concession tardive faite aux goûts de l'époque, de quel droit affirmerait-on que c'est dans les *Principes de la Philosophie* plutôt que dans les *Méditations* que l'on doit chercher la pensée intime de Descartes ? Nous donnait-il le fond de sa méthode lorsqu'il expliquait pour la première fois par quelles méditations « si métaphysiques et si peu communes [1] » il arrivait à la connaissance de la vérité ou lorsque, plus tard, ayant achevé de constituer sa philosophie, il se servait de la déduction pour en exposer le système? N'est-ce pas quand, annonçant une doctrine nouvelle, il en déclare les premiers principes fondés exclusivement sur l'intuition, qu'il faut le croire, et non lorsque, se voyant incompris, fatigué par d'incessantes objections, il accorde qu'on peut présenter ces principes sous une forme syllogistique? On dit : le Descartes des *Principes de la Philosophie* est un homme plus mûr, plus en possession de sa pensée que celui du *Discours de la Méthode* et des *Méditations*. Ce n'est pas un argument ; car, dans plusieurs lettres postérieures [2] à 1644, on retrouve cette

---

[1] *Discours de la Méthode*, 4ᵐᵉ partie. Édition Cousin, t. I, p. 156.

[2] Surtout la *Lettre à Monsieur* *** du 1ᵉʳ avril 1648. Édition Cousin, t. X, p. 131, que nous avons déjà indiquée (note 1, p. 83). — *Cf.* aussi *Lettre à M. Clerselier*, du 16 juillet 1648. Édition Cousin, t. X. Descartes y distingue les divers sens du mot *Principe*, et déclare qu'autre chose est de chercher une notion commune comme : une même chose ne peut pas en même temps être et ne pas être (et nous ajouterons, comme pour penser, il faut être) et de chercher un principe dans le

affirmation que le « Cogito, ergo sum » n'est point un ouvrage de notre raisonnement, mais une connaissance immédiate, intuitive.

Mais il faut aller plus loin et montrer comment Descartes pouvait, sans se contredire, transformer son premier principe en une conclusion. Selon lui, il n'y a pas deux moyens de découvrir les premiers principes; il n'y en a qu'un, l'intuition [1]. Ce qui fait la faiblesse de tous les philosophes qui l'ont précédé, ce qui rend leurs doctrines incertaines et discutables, c'est qu'ils ont précisément voulu établir sur des syllogismes les fondements de leur philosophie. Descartes ne veut pas les suivre dans leurs errements; c'est à la conscience qu'il s'adresse, c'est elle qu'il interroge, c'est en elle seule qu'il rencontre l'évi-

---

sens complet du mot, c'est-à-dire « *un être* ». Aussi, dit-il, le vrai « premier principe est que *notre âme existe,* à cause qu'il n'y a rien dont l'existence soit plus notoire »; et il ajoute que c'est par ce principe qu'on s'assure de « l'existence de toutes les créatures ». Je conclus de ce passage que le Cogito, ergo sum, à ce moment, ne pouvait lui apparaître que comme une intuition, puisqu'il repoussait les notions communes et les déclarait, à ce moment, insuffisantes, ou même inutiles.

[1] *Règles pour la direction de l'esprit :* règle n° 3. Edition Cousin, t. XI, p. 214.

dence de son *Cogito, ergo sum*. Pour ce penseur, la méthode subjective, à laquelle il est préparé par une longue pratique de la méditation, ne présente aucune difficulté.

Il se rend bien compte cependant qu'un procédé aussi nouveau dans la philosophie ne sera pas compris de tout le monde : il faut, pour l'employer, avoir l'esprit absolument libre de préjugés. L'homme, qui a contracté une longue habitude du syllogisme, aura beaucoup de peine à rentrer dans sa conscience : il est même douteux qu'il y parvienne. Descartes exprime ces craintes au R. P. Mersenne: « je « pense, dit-il, avoir trouvé comment on peut « démontrer les vérités métaphysiques d'une « façon qui est plus évidente que les démons-« trations de géométrie : je dis ceci selon « mon jugement, car je ne sais pas si je le « pourrais persuader aux autres [1] ».

Il essaie à diverses reprises de faire connaître à ses contemporains la précieuse méthode qu'il a découverte. Bien peu le comprennent; la plupart, esclaves de l'ensei-

---

[1] *Lettre au R. P. Mersenne,* 15 avril 1630. Édition Cousin, t. VI, p. 109.

gnement qu'ils ont reçu dans leur jeunesse, habitués de longue date à ne croire certain que ce qui est déduit d'un syllogisme, ne parviennent pas à concevoir qu'on puisse arriver à la vérité par d'autres voies que les voies logiques. La méthode subjective est pour eux lettre morte ; les procédés artificiels dominent chez eux et étouffent les dispositions naturelles de l'esprit, imposent invinciblement leur forme à la pensée.

Descartes avait espéré un moment qu'il pourrait se faire comprendre et que chacun saurait, comme lui, trouver dans sa conscience toutes les vérités philosophiques. Contre des habitudes invétérées, contre la routine, il se sent impuissant. Mais, persuadé que sa philosophie est très saine et très féconde, et qu'il faut à tout prix la répandre et la substituer à la vieille scolastique qui se meurt, il se résigne à enseigner non plus sa méthode, mais les résultats qu'elle a donnés.

Le syllogisme, qui ne vaut absolument rien pour la découverte de la vérité, est en revanche un remarquable instrument d'exposition. C'est en lui qu'on peut voir clairement la suite des idées et leurs relations nécessaires. Il met de l'ordre dans un système, place en évidence le principe fondamental, puis en déduit systématiquement toutes les conséquences. Il rétablit les intermédiaires insuffisamment indiqués et rattache à l'idée mère ses plus lointaines ramifications. Sans doute, pour que son emploi soit légitime, il faut qu'il se borne à exposer des vérités déjà connues, ou à en déduire les conclusions qu'elles renferment. Mais, il remplit cette condition chez Descartes : ce philosophe a fait au préalable toutes les recherches nécessaires : il a découvert, par la véritable méthode, les principes qui doivent servir de majeures à ses syllogismes ; il a fait connaître à tous par quels moyens on pouvait arriver à la vérité. Comment ne serait-il pas en droit de se servir des formes qui lui paraissent les plus commodes pour enseigner sa philosophie ?

On comprend très bien dès lors que Descartes présente son *Cogito, ergo sum*, tantôt comme une connaissance immédiate, et tantôt comme une connaissance déduite. Il y a dans ses œuvres comme un double enseignement ésotérique et exotérique qui se développe parallèlement. Lorsque ce philosophe estime qu'il s'adresse à des gens capables de le comprendre, et de devenir des disciples, il leur livre toute sa pensée et leur enseigne les merveilleuses ressources de la méthode intuitive. A ceux au contraire qu'aveuglent les préjugés d'école, à ceux qu'il juge mal préparés aux méditations solitaires, il se borne à exposer un corps de doctrines qu'il croit saines et profitables à tous. Il le fait, non pour dissimuler quelque innovation trop hardie, mais parce que des tentatives infructueuses l'ont convaincu que les temps n'étaient point encore venus pour le triomphe de sa méthode.

IV

Ce n'est point là une explication fantaisiste. A Arnauld, qu'il estime, au R. P. Mersenne [1], qui s'est dévoué tout entier à la philosophie nouvelle, à ses amis, Descartes affirme tou-

---

[1] Notamment : *Réponses aux deuxièmes objections.* Édition Cousin, t. I, p. 427.

jours qu'il apprend par une intuition qu'il pense et qu'il existe.

Ce même philosophe s'adresse-t-il à un tout jeune homme, avide de s'instruire, mais qui peut-être comprendrait mal le sens du mot « intuition » ? Il lui expose sa pensée intime ; mais, pour être entendu de son interlocuteur, il la laisse enveloppée dans les expressions de conclusion, majeure, etc., qui lui sont plus familières. Ainsi, Burmann [1], jeune étudiant d'une vingtaine d'années, fait remarquer à Descartes les contradictions qu'invoquent les successeurs de Gassendi et lui en demande l'explication. Descartes répond que, *dans les Méditations*, il a simplement regardé en lui-même, et qu'il y a vu sa pensée et son existence ; mais que, implicitement, la proposition : tout ce qui pense existe — était antérieure à ce premier principe, car c'est elle qu'on voit dans le fait particulier, puisqu'elle en est la loi ; tandis que *dans les Principes*, c'est la proposition qu'il envisage et dont il déduit son existence. L'explication n'est plus

[1] François Burmann, né à Leyde, en 1628, d'un pasteur protestant, et pasteur lui-même, était vraisemblablement le fils d'un ami de Descartes.

aussi nette que lorsque Descartes s'adresse à
de vrais philosophes : il a dû se mettre à la
portée de ce tout jeune homme ; mais sa
théorie est encore reconnaissable. Burmann
rentre chez lui et, dans des notes manuscrites
récemment publiées en France [1], consigne en
ces termes cette explication :

« Ante hanc conclusionem : cogito, ergo

---

[1] Vers la mi-octobre 1895, on remettait en communication, à la Faculté de Dijon, un manuscrit dont M. Grunebaum, auditeur au Conseil d'État, avait signalé la présence dans la Bibliothèque de l'Université de Gœttingen. Ce manuscrit a dû, je pense, être étudié par M. Charles Adam, qui prépare actuellement la grande édition des œuvres de Descartes. Il paraît provenir de la *Bibliothèque de Crusius*, philosophe et théologien allemand. La partie du cahier qui concerne Descartes a pour titre : *Responsiones Renati Des Cartes ad quasdam difficultates ex Meditationibus ejus*, etc., ab ipso haustæ. — *Egmondæ*. April. 16. Anno 1648. — On déduit de ces indications et de quelques autres, qu'il s'agit de difficultés proposées de vive voix, à Descartes, par Burmann qui était allé voir le philosophe à Egmond en 1648. Burmann, après cette conversation, retourna à Amsterdam. Il y rencontra son ami Clauberg, plus âgé que lui de six ans, (Clauberg, qui devint métaphysicien et logicien, était né en 1622), et rédigea, probablement de concert avec lui, le manuscrit qui nous occupe. Cette rédaction paraît pouvoir être très certainement fixée au 20 avril 1648. Elle ne serait donc postérieure que de quatre jours à la conversation. *Cf.* pour plus amples détails : *Revue Bourguignonne de l'Enseignement supérieur*, 1896, t. VI, n° 1.

« sum — sciri potest illa major : quicquid
« cogitat est —, quia reipsà prior est meâ
« conclusione, et mea conclusio illà nititur.
« Et sic in Principiis, dicit auctor eam præce-
« dere quia scilicet implicite semper præsup-
« ponitur et præcedit ; sed non ideo semper
« expresse et explicite cognosco illam præce-
« dere et scio ante meam conclusionem, quia
« scilicet ad id tantum attendo quod in me
« experior, ut — cogito, ergo sum —, non
« autem ita attendo ad generalem illam no-
« tionem, — quicquid cogitat est —; nam,
« ut ante monitum, non separamus illas pro-
« positiones a singularibus, sed eas in illis
« consideramus : et hoc sensu verba hæc :
« ex nullo syllogismo (Méditations) — intel-
« ligi debent [1]. »

Enfin, si Descartes écrit pour un public moins clairvoyant ou moins instruit, il se borne à indiquer l'essentiel de sa doctrine et sous les formes qui convainquent le plus les esprits peu cultivés, c'est-à-dire sous la forme syllogistique. C'est ce qu'il fait dans les *Prin-*

---

[1] *Manuscrit de Gœttingen*, p. 27 verso. — *Revue Bourguignonne de l'Enseignement supérieur*, 1896, t. VI, nº 1, p. 10.

cipes de la Philosophie, qu'il dédie à une princesse[1] ! Si l'on veut se convaincre que ce traité n'était pour lui qu'un ouvrage de vulgarisation, il faut lire la lettre qui lui sert de préface[2]. L'auteur y indique son intention de faire connaître la philosophie au grand public : il n'y a point d'esprits « si grossiers, « ni si tardifs, qu'ils ne fussent capables d'en- « trer dans les bons sentiments et même « d'acquérir toutes les plus hautes sciences « s'ils étaient bien conduits[3]. » Descartes s'offre donc à les conduire. Mais il se rend compte que ce grand mot de *philosophie* peut les décourager d'avance : « J'appréhende que ce titre « n'en rebute plusieurs qui n'ont point été « nourris aux lettres[4]. » Aussi s'efforce-t-il de

---

[1] A la sérénissime princesse Élisabeth, Ire fille de Frédéric, roi de Bohême, comte Palatin, et prince électeur de l'Empire.

[2] Il est intéressant de relire en même temps les premières lignes de la préface des *Méditations*. Ce n'est plus un ouvrage destiné aux masses, et Descartes ne se gêne pas pour le dire.

[3] *Principes de la Philosophie*. Lettre de l'auteur à celui qui a traduit ce livre, laquelle peut servir ici de préface. Édition Cousin, t. III, p 22.

[4] *Principes de la Philosophie*. Lettre de l'auteur à celui qui a traduit ce livre, laquelle peut servir ici de préface. Édition Cousin, t. III, p. 9.

leur faire prendre confiance en eux-mêmes : « Je voudrais assurer ceux qui se défient trop de leurs forces qu'il n'y a aucune chose en mes écrits qu'ils ne puissent entièrement entendre, s'ils prennent la peine de les examiner [1] . » Ces quelques citations montrent assez à quel public est destiné cet ouvrage, et l'on comprend que Descartes ait dû s'y mettre à la portée des plus humbles esprits, se conformer aux tendances de l'époque, user du syllogisme. Mais, ce faisant, il ne désavoue point la véritable origine de son premier principe.

Ces exemples, tirés des œuvres de Descartes, ne justifient-ils pas la conciliation que l'on a proposée entre les textes où il fait du *Cogito, ergo sum,* une connaissance intuitive, et ceux où il en fait une conclusion ? Le lecteur le dira. Il nous semble, en tous cas, avoir suffisamment établi que la théorie cartésienne du *Cogito, ergo sum,* est bien telle qu'on l'a reconstituée.

---

[1] *Principes de la Philosophie.* Lettre de l'auteur à celui qui a traduit ce livre, laquelle peut servir ici de préface. Édition Cousin, t. III, p. 22.

V

LE *Cogito, ergo sum*, DEVANT LA CRITIQUE MODERNE.

Dès lors, que pouvait-on reprocher à Descartes ?

Une tautologie ? A tort ou à raison, son premier principe contient bien, comme il l'a dit, deux choses différentes : la pensée et l'être.

Un cercle vicieux ? Mais Dieu n'intervient que plus tard dans les spéculations cartésiennes, lorsque le philosophe sait déjà qu'il pense et qu'il existe.

Des notions préalables nécessaires et non prouvées ? Elles n'entrent en ligne de compte que lorsqu'on peut les proclamer certaines.

Un syllogisme ? Descartes en use seulement quand il est légitime ; ce n'est point pour lui une méthode de recherche, c'est un moyen d'exposition.

Reste donc uniquement le reproche qu'on fait à Descartes de se prononcer sur la *subs-*

tance-moi. Et encore faudrait-il savoir si notre philosophe a bien mis dans ce mot *moi* toutes les idées précises qu'il renferme de nos jours; si la « substance » est demeurée pour lui ce qu'elle était pour la scolastique ; si l'on peut affirmer sans témérité que le *je suis* contient autre chose que l'affirmation de l'existence de la pensée.

Quoi qu'il en soit, voici sur quels points la critique moderne se sépare du cartésianisme.

Elle accorde au grand philosophe français que le — *Je pense, donc je suis,* — pris dans son sens le plus restreint, est l'expression d'un fait de conscience, c'est-à-dire d'une connaissance acquise directement, par l'observation intérieure et sans qu'il soit besoin d'aucun syllogisme : Descartes a raison de dire qu'il voit à la seule lumière de son esprit qu'il pense et qu'il est au moment où il pense. Dans la conscience, la pensée nous apparaît toujours reliée à un *moi*. Mais la réflexion ne nous montre rien de plus.

Lorsque de ce phénomène immédiatement constaté, on prétend pouvoir passer à l'affirmation de l'âme substantielle, on sort des limites de la conscience. Nous n'atteignons jamais l'être même, l'être en soi. Et, quoi qu'en dise Descartes, ce n'est que par un syllogisme qu'il arrive à poser l'existence de la substance pensante. Il part nécessairement de l'axiome que — pour penser, il faut être, — proposition générale, formulée par notre esprit en dehors de toute expérience. Il nous est impossible d'universaliser ainsi le simple phénomène qui s'apparaît à lui-même dans la conscience.

D'ailleurs Descartes, pour affirmer son propre moi en tant que substance, doit considérer la pensée comme permanente : et nous n'avons pas conscience de cette permanence, mais seulement de pensées qui se succèdent. L'identité même du moi, que l'on supposait donnée par intuition, est battue en brèche par la psychologie contemporaine : le moi parfois paraît se dédoubler, s'altérer, disparaître même totalement. L'on peut contester la valeur de cette tératologie de l'âme ; mais elle suffit à rendre douteux le point de départ de la théorie cartésienne, puisqu'elle permet de le discuter.

Quelques philosophes vont encore plus loin dans leur critique du *Cogito, ergo sum*. Le moi, qui nous apparaît dans la pensée, n'est même plus pour eux le sujet phénoménal de cette pensée : il devient essentiellement un objet de cette pensée, momentanément perçu comme sa condition. Obligée de se connaître elle-même sous une forme personnelle, la pensée crée l'idée du moi pour se penser sous cette idée. Ce n'est qu'à la longue, par une lente série d'évolutions successives, qu'elle finit par considérer ce moi comme un sujet véritable, distinct d'elle-même : sans doute, elle ne peut le connaître hors d'elle-même, hors du phénomène, mais elle en fait la cause de chacune de ses modifications. La philosophie contemporaine, dit M. Fouillée, « voit dans la conscience du moi le résultat d'un long développement chez l'individu et chez l'espèce. Je m'aperçois actuellement sous la forme du moi comme une individualité distincte s'opposant au non-moi : mais rien ne prouve que tout état de conscience, même le plus rudimentaire, ait déjà cette forme. La seule chose qui soit immédiate et certaine en y regardant de près, c'est un état quelconque de conscience : sensation, plaisir, douleur, désir, etc., tel qu'il est au moment même où il se produit. Cet état a une réalité concrète, qui en fait l'état d'un être déterminé ; il a de plus une tendance naturelle et invincible à s'orienter vers un moi, à se polariser en quelque sorte ; pourtant, ce moi auquel je l'attribue, ce n'est qu'une manière de me représenter l'existence dont j'ai conscience. Ce moi, que je prends pour le pur sujet de la pensée, est en réalité un objet ; c'est un moi conçu et pensé que j'érige en moi pensant. C'est une idée où tous les états de conscience viennent aboutir et que je prends pour une donnée immédiate de la conscience. Je pense, donc il existe quelque être qui pense et qui se pense sous l'idée du moi, qui devient ainsi à lui-même son objet sous cette idée du moi. [1] »

C'est par une nécessité analogue, dit-on, que ce moi devient pour nous une substance pensante. C'est la pensée seule qui crée l'être et la substantialité. Ces notions n'ont de valeur que pour elle : elles sont ses lois et non point des êtres réels et existants.

Ainsi, de quelque côté que se tourne Descartes, il lui est impossible de passer du phénomène à la substance, du relatif à l'absolu.

[1] Fouillée. *Descartes,* livre II, chapitre II, p. 100

Son *Cogito, ergo sum* affirme à bon droit l'union du moi et de la pensée dans la conscience, au point de vue purement phénoménal ; mais il ne peut prouver qu'il y ait une substance au-delà de ce — *sum,* — qui constate seulement l'existence actuelle de la pensée.

CHAPITRE IV

LE *COGITO, ERGO SUM* AVANT DESCARTES

I. — Considérations sur la place de ce chapitre.
II. — Saint Augustin.
III. — De quelques autres philosophes.

I

CONSIDÉRATIONS SUR LA PLACE DE CE CHAPITRE.

Cet essai ne serait pas complet, si l'on omettait de signaler l'analogie qui existe entre le *Cogito, ergo sum* et certaines formules des philosophes antérieurs à Descartes. Ce sont ces rapprochements qui feront l'objet de ce dernier et court chapitre.

Il peut paraître anormal au premier abord que la recherche des précédents historiques du principe cartésien ne trouve sa place qu'à la fin de cette étude. Mais voici les deux raisons que l'on peut invoquer pour justifier l'étrangeté de cette composition.

D'abord, il ne s'agit point ici d'une question d'origine. Descartes avait assez de génie pour créer seul et sans aucun secours le système philosophique auquel il a donné son nom. Et l'on peut être assuré que le jour où, mécontent des doctrines qu'on enseignait à son époque, il se résolut, comme il nous le dit dans le *Discours de la Méthode* à douter provisoirement de toutes les opinions reçues et à chercher la vérité en lui-même et par lui-même[1], il était bien décidé à n'user que de ses seules ressources et à ne rien emprunter à ses prédécesseurs. Que son *Cogito, ergo sum*, que sa méthode présentent parfois d'assez grandes ressemblances avec certaines doctrines de saint Augustin, de Campanella, ou d'autres encore, cela est certain. Mais il

---

[1] *Discours de la Méthode.* 1re partie. Édition Cousin, t. I, p. 132. « Je pris un jour résolution d'étudier aussi en « moi-même ».

n'en faut conclure qu'une chose : c'est que l'observation intérieure, qui est la vraie méthode philosophique, toutes les fois qu'elle a été entrevue et employée, a conduit les penseurs à des résultats analogues.

Il serait téméraire de supposer que cet air de famille prouve vis-à-vis de ces philosophes une descendance plus directe de Descartes et de songer à des emprunts dissimulés. Il le serait aussi de comparer ce philosophe à un Molière, prenant son bien où il le trouve. Il serait imprudent enfin de conclure même à une simple et involontaire réminiscence. Contre toutes ces erreurs, Descartes a pris la peine de nous mettre en garde. Le grand Arnauld lui signale un texte de saint Augustin[1] que son *Cogito, ergo sum,* paraît reproduire : notre philosophe le recherche et constate qu'il ne l'avait jamais lu auparavant. On a voulu découvrir aussi des rapports assez étroits entre sa doctrine et celle de Campanella : il n'y a là qu'une rencontre fortuite, puisque Descartes affirme qu'il n'a conservé aucun souvenir de ce philosophe : « Pour la doctrine, écrit-il en

[1] *Quatrièmes objections : De la Nature de l'esprit humain.* Édition Cousin, t. II, p. 5.

« 1638, il y a quinze ans que j'ai vu le livre
« *De sensu rerum* du même auteur (Campa-
« nella) avec quelques autres traités...; mais
« j'avais trouvé dès lors si peu de solidité en
« ses écrits, que je n'en avais rien du tout
« gardé en ma mémoire[1]. »

De ce que Descartes maintient ainsi ses droits à la propriété du *Cogito, ergo sum*, il ne faudrait pas conclure que des rapprochements analogues à ceux que faisait Arnauld lui fussent désagréables. Il a cherché seul la vérité et seul il l'a découverte ; mais il est bien aise de se rencontrer avec les grands esprits de tous les temps, « car, dit-il, je ne suis « nullement de l'humeur de ceux qui veulent « que leurs opinions paraissent nouvelles[2]. » D'autre part, il se rend bien compte[3] qu'à

---

[1] *Lettre à Zuyllichem*, 20 mars 1638. Édition Cousin, t. VII, p. 417.

[2] *Lettre à un R. P. Jésuite* (probablement le R. P. Mesland), 1644. Édition Cousin, t. IX, p. 166.

[3] Tantôt on le voit s'appuyer sur les anciens : *Réponses aux quatrièmes objections*. Édition Cousin, t. II, p. 79 : « Et je ne suis pas le seul de cette opinion : Aristote même et quantité d'autres philosophes avant moi en ont été. » Tantôt il conseille la lecture de leurs ouvrages, avec beaucoup de mesure, il est vrai : *Règles pour la direction de l'esprit*, règle n° 3. Édition Cousin, t. XI. p. 209. « Nous

une époque où l'autorité des Anciens est encore toute puissante et fait la loi à l'opinion, rien n'est plus capable d'assurer le succès d'une doctrine nouvelle que ses analogies avec les systèmes des meilleurs philosophes de l'antiquité et des Pères de l'Église. Aussi le voit-on remercier vivement Arnauld, qui l'a « fortifié du secours[1] » de l'illustre évêque d'Hippone. Et à un autre de ses amis, qui lui a rendu un service du même genre, il écrit aussi : « Je ne laisse pas d'être bien aise
« d'avoir rencontré avec saint Augustin, quand
« ce ne serait que pour fermer la bouche aux
« petits esprits qui ont tâché de regabeler
« sur ce principe (Il s'agit du *Cogito, ergo sum*)[2]. » La formule magique des disciples de Pythagore — αὐτὸς ἔφα — était encore à cette époque un argument à peu près indiscuté. Et Descartes ne pouvait que se féliciter des ressem-

« devons lire les ouvrages des anciens, parce que c'est
« un grand avantage de pouvoir user des travaux d'un si
« grand nombre d'hommes .... Il est cependant à craindre
« que la lecture trop attentive de leurs ouvrages ne laisse
« dans notre esprit quelques erreurs.... »

[1] *Réponses aux quatrièmes objections.* Édition Cousin, t. II, p. 38.

[2] *Lettre à Monsieur de Zuytlichem*, 11 novembre 1640. Édition Cousin, t. VIII, p. 421.

blances de sa philosophie avec celle de ses prédécesseurs. Toutes ces analogies qu'il n'avait pas cherchées, justifiaient, selon lui, l'excellence de sa méthode, et confirmaient non seulement pour le public, mais encore pour lui-même la vérité de son principe. C'est donc suivre respectueusement sa pensée que de faire des points de contact du *Cogito, ergo sum*, avec les systèmes antérieurs un argument en sa faveur. Et c'est dans ce but que l'on a cru devoir attendre jusqu'ici pour exposer les antécédents du principe cartésien.

II

SAINT AUGUSTIN.

C'est de saint Augustin qu'il faut tout d'abord rapprocher Descartes. Sans compter la similitude des formules, entre le *Si fallor, sum,* du premier et le *Cogito, ergo sum,* du second, il existe des analogies de méthode que les contemporains mêmes de Descartes ont signalées.

C'est de Mersenne[1] et de Zuylichem que notre philosophe apprend que saint Augustin a exprimé dans le *De Civitate Dei* des idées analogues aux siennes. Cet évêque, en lutte continuelle avec les sceptiques, leur oppose la certitude de leur existence, qui n'est point une donnée sensible : « Nam et sumus, et nos « esse novimus et nostrum esse ac nosse dili- « gimus. In his autem tribus quæ dixi nulla « nos falsitas verisimilis turbat. Non enim ea, « sicut illa quæ foris sunt, ullo sensu corporis « tangimus, velut colores videndo, sonos « audiendo, odores olfaciendo, sapores gus- « tando, dura et mollia contrectando sentimus, « quorum sensibilium etiam imagines eis « simillimas, nec jam corporeas cogitatione « versamus, memoria tenemus, et per istas in « istorum desideria concitamur; sed sine ulla « phantasiarum, vel phantasmatum imagina- « tione ludificatoria, mihi esse me, idque nosse « et amare certissimum est. Nulla in his Acade-

---

[1] Comme on peut le voir dans une *lettre au R. P. Mersenne,* 6 décembre 1640. Édition Cousin, t. VIII, p. 409. C'est quelques jours après probablement que le même passage était signalé à Descartes par Monsieur de Zuytlichem, auquel Descartes fait la réponse que nous avons citée (*Cf.* note 1, p. 119).

« micorum formido dicentium : Quid si falleris?
« Si enim fallor, sum. Nam qui non est, uti-
« que nec falli potest, ac per hoc sum, si fallor.
« Quia ergo sum, qui fallor, quomodo esse me
« fallor, quando certum est esse me si fallor[1]. »

Mais la portée de cet argument est bien différente de celle du *Cogito, ergo sum.* C'est Descartes lui-même qui nous l'apprend. Après avoir pris connaissance de ce texte qu'il ignorait, il écrit à Zuytlichem : « Vous m'avez
« obligé de m'avertir du passage de saint
« Augustin, auquel mon *Je pense, donc je suis,*
« a quelque rapport; je l'ai été lire aujour-
« d'hui en la bibliothèque de cette ville, et
« je trouve véritablement qu'il s'en sert pour
« prouver la certitude de notre être, et ensuite
« pour faire voir qu'il y a en nous quelque
« image de la Trinité en ce que nous sommes,
« nous savons que nous sommes, et nous
« aimons cet être et cette science qui est en
« nous : au lieu que je m'en sers pour faire
« connaître que ce moi qui pense est une
« substance immatérielle, et qui n'a rien de
« corporel, qui sont deux choses fort diffé-

---

[1] Saint Augustin. *De civitate Dei*, livre XI, cap. 26.

« rentes ; et c'est une chose qui de soi est si
« simple et si naturelle à inférer, qu'on est,
« de ce qu'on doute, qu'elle aurait pu tomber
« sous la plume de qui que ce soit[1]. »

Frappé sans doute de cette remarque, Pascal sacrifie complètement saint Augustin, et déclare que le *Si fallor, sum,* n'est qu'un mot écrit « à l'aventure »[2]. On sent trop l'injustice de cette appréciation, pour qu'il soit nécessaire de prendre la défense de la célèbre proposition. L'argument revient à diverses reprises sous la plume du saint: c'est ainsi qu'il écrit dans un autre ouvrage: « Prius
« abs te quæro utrum tu ipse sis : an tu for-
« tasse metuis ne in hac interrogatione falla-
« ris, cum utique si non esses, falli omnino

---

[1] *Lettre à Monsieur de Zuyllichem,* 11 novembre 1640. Édition Cousin, t. VIII, p. 421.
[2] Pascal. *De l'esprit géométrique.* Édition Havet, p. 560. Parlant du *Cogito, ergo sum,* il écrit : « En vérité, je suis
« bien éloigné de dire que Descartes n'en soit pas le véri-
« table auteur, quand même il ne l'aurait appris que dans
« la lecture de ce grand saint (saint Augustin): car je sais
« combien il y a de différence entre écrire un mot à l'aven-
« ture, sans y faire une réflexion plus longue et plus
« étendue, et apercevoir dans ce mot une suite admirable
« de conséquences, etc. »

« non posses[1]. » On retrouve encore cette même idée dans les Soliloques[2]. Est-il vraisemblable que ce philosophe insiste à ce point sur un argument qu'il aurait avancé sans réflexion? Non ; il connaissait évidemment toute la force de l'objection qu'il opposait aux Académiciens. « Mais, comme dit M. Bouil-
« lier, il est certain que si saint Augustin
« s'en est servi comme d'un argument victo-
« rieux contre le scepticisme, il n'en a pas
« fait le fondement d'une physique entière,
« c'est-à-dire d'un système sur la nature uni-
« verselle des choses[3]. »

Et cependant, on peut signaler un passage, dont le fond, à défaut de la forme, se rapproche de la théorie cartésienne, et la suit au moins dans ses premières considérations. Le grand philosophe chrétien y montre que

---

[1] Saint Augustin. *De libero arbitrio*, livre II, cap. 3. — C'est précisément le passage que le grand Arnauld avait signalé à Descartes.
[2] Saint Augustin. *Soliloques* II. 1 : « Tu qui vis te nosse,
« scis te esse ? — Scio. — Unde scis ? — Nescio. — Simpli-
« cem et sentis anne multiplicem. — Nescio. — Moveri te
« scis. — Nescio. — Cogitare te scis. — Scio. — Ergo ve-
« rum est cogitare te. »
[3] Bouillier. *Histoire de la Philosophie cartésienne*, t. 1, chapitre III, p. 73.

l'âme se connaît sans raisonnement: « Cum
« dicitur menti: *Cognosce te ipsam,* eo ictu
« quo intelligit quod dictum est *Te ipsam,*
« cognoscit se ipsam; nec ob aliud quam
« eo quod sibi præsens est[1]. » N'est-ce point
indiquer nettement que c'est par la conscience
que nous nous connaissons? Et dans le chapitre suivant, saint Augustin ajoute qu'en doutant de tout, on ne peut douter de sa pensée,
de sa volonté, de son intelligence; que l'être
qui pense, qui veut, qui connaît, n'est point un
corps mort; « et nulli est dubium quemquam
« intelligere qui non vivat, nec quemquam
« vivere qui non sit[2] ». Il montre enfin que
l'âme ne peut rien ajouter « ad id quod se
« ipsam cognoscit[3] » ; qu'elle se connaît
comme pensée, et non comme matière, et que
par suite, elle n'est que pensée. Ne reconnaît-on pas ici la série des déductions cartésiennes?
Chez saint Augustin, comme chez Descartes,
voilà bien le doute terrassé, l'âme qui se

[1] Saint Augustin. *De trinitate,* livre X, cap. 9.
[2] Saint Augustin. *De trinitate,* livre X, cap. 10.
[3] " Saint Augustin. *De trinitate,* livre X, cap. 10, n° 13.

" Ce passage et les deux précédents (*Cf.* notes 1 et 2) ont été signalés également à Descartes par Arnauld. *Cf. Lettre à Descartes,*
8 juin 1648. Édition Cousin, t. X, p. 138.

cherche en elle-même, qui se saisit dans ses propres modifications, qui s'affirme comme substance pensante.

III

DE QUELQUES AUTRES PHILOSOPHES.

La ressemblance, ici, est vraiment profonde. Aussi fallait-il insister sur la rencontre de ces deux grands esprits et, dans cet exposé historique, donner la première place à saint Augustin. A côté de cet illustre docteur de l'Église, il y a quelques philosophes qui se sont formé de notre être une conception analogue à celle de Descartes. Mais ici, il ne s'agit plus que de très lointaines ressemblances : on se bornera à citer quelques noms.

En Grèce, certains philosophes ont enseigné, comme Descartes, l'identité de la pensée et de l'être. On connaît le mot de Parménide : τὸ γὰρ αὐτὸ νοεῖν ἐστίν τε καὶ εἶναι. L'Idée de Platon est à la fois principe de connaissance et principe d'existence : elle réunit en elle les deux faces du « moi » de Descartes.

A un autre point de vue, Anaxagore déclare que les sens ne nous font pas connaître clairement les objets et que ὑπὸ ἀφαυρότητος αὐτῶν οὐ δυνατοί ἐσμεν κρίνειν τ'ἀληθές.

Socrate ajoute que c'est de nous que nous acquérons la science la plus complète, et qu'il faut nous étudier exclusivement. Son Γνῶθι σεαυτόν implique l'idée que l'âme est plus aisée à connaître que le corps.

Sur un autre point encore, le caractère intuitif de la connaissance que nous avons de notre âme, quelques philosophes ont précédé Descartes. Duns Scot professe que l'âme connait son être parce qu'elle est immédiatement certaine de ses actes, par une sorte de perception intérieure « perceptione interiore ».

Guillaume d'Occam est plus explicite encore. Il dit que la connaissance que nous avons de nos propres états est intuitive : « Intellectus
« noster non tantum cognoscit sensibilia, sed
« etiam in particulari et intuitive cognoscit
« aliqua intellectibilia, quæ nullo modo ca-
« dunt sub sensu, non plus quam substantia
« separata cadit sub sensu, cujus modi sunt

« intellectiones, actus voluntatis, delectatio,
« tristitia, et hujusmodi, quæ potest homo ex-
« periri inesse sibi, quæ tamen non sunt sen-
« sibilia nobis, nec sub aliquo sensu ca-
« dunt[1]. »

Mais après saint Augustin, c'est du dominicain Campanella qu'on a le plus souvent rapproché Descartes. Il donne un triple objet à la métaphysique : recherche des principes de la connaissance, recherche des principes de l'existence, recherche des principes de l'action. Et sur le premier de ces trois points, le fond de sa doctrine est sensiblement analogue à la théorie cartésienne. Il aborde en effet cette question par une longue et savante énumération des diverses objections que les sceptiques ont imaginées contre la valeur des témoignages de la raison humaine. A ces objections, il oppose principalement le témoignage irrécusable de la conscience, qui nous atteste que nous sommes des êtres doués d'intelligence et de volonté. « C'est ici, dit M. Bouillier, que
« quelques-uns ont voulu voir une anticipa-
« tion du : *Je pense, donc je suis*. Campa-

[1] Guillaume d'Occam. *Prol. in Sent. I.*

« nella a même été surnommé un cartésien
« avant Descartes; mais l'analogie est bien
« lointaine et comme perdue au milieu des
« dissemblances les plus profondes[1]. » C'est
qu'en effet, ce prétendu précurseur de Descartes est loin d'avoir fait de la conscience le fondement de sa philosophie. Elle n'est pour lui que le trait d'union entre le sensualisme exagéré de sa théorie de la connaissance et les exigences de sa métaphysique. Il professe que toute connaissance humaine vient des sens, que toutes les facultés de l'intelligence doivent se ramener à des sensations. Les sens seuls nous donnent la certitude, parce que la connaissance par les sens a lieu dans l'objet présent lui-même. Notre intelligence, pour former les notions générales, a besoin sans doute d'ajouter la mémoire à la sensation : mais la mémoire n'est qu'une sensation renouvelée.

---

[1] Bouillier. *Histoire de la Philosophie cartésienne*, tome I, chapitre I, p. 15, note 2. — Je reproduis ici cette affirmation de M. Bouillier, car la Bibliothèque de la Faculté ne possédant de Campanella que la *Cité du Soleil*, il m'a été impossible de faire directement les rapprochements utiles. Cependant je crois pouvoir dire que c'est dans le *De Sensu rerum*, etc., que l'on trouverait le plus de points de contact entre Campanella et Descartes.

Et pour rattacher ce sensualisme outré à l'ontologie, Campanella appelle à lui le fait de conscience, où il trouve contenus l'être, le connaître, le vouloir. Sauf cette considération, il serait donc plus exact de comparer ce philosophe à Condillac que de le mettre en parallèle avec Descartes.

On peut se demander si l'auteur du *Discours de la Méthode* eût été satisfait des rapprochements que nous venons de faire. Nous savons positivement qu'il ne dédaignait pas de se rencontrer avec saint Augustin; mais nous savons aussi avec quel mépris il parlait de la philosophie de Campanella.

Cependant, il était bon de signaler toutes ces analogies; car celles qu'on ne peut invoquer comme des preuves, des arguments en faveur de la philosophie cartésienne, doivent au moins servir à prouver l'originalité du *Cogito, ergo sum*. On voit en effet, par les comparaisons instituées entre Descartes et ses prédécesseurs, combien peu profondes sont les ressemblances. Quelques rares philosophes ont vu ou pressenti la méthode qui devait régénérer la philosophie: mais ils n'en ont pénétré ni l'importance, ni la profondeur.

C'est être plus que juste que d'inscrire à leur actif quelques paroles heureuses, que les modernes interprètent peut-être trop favorablement à la lumière d'une philosophie plus pénétrante et avec une connaissance plus exacte de notre nature et de ses ressources.

CONCLUSION

I. — Résumé des considérations précédentes.
II. — Conclusion.

I

Jetons maintenant un rapide regard en arrière pour juger du chemin parcouru et marquer nos principales étapes.

Comme le dit M. Brunetière, « rien ne se crée de rien en histoire ou en littérature ». Il en est de même en philosophie. L'auteur du *Cogito, ergo sum,* ne fait point exception à cette loi commune à tous les penseurs. C'est sur un sol préparé qu'éclate la révolution cartésienne. Ce sont les aspirations encore confuses de l'époque que le génie de Descartes exprime ; mais non toutefois sans y avoir marqué fortement l'empreinte de sa vigoureuse personnalité.

Le philosophe prélude à l'établissement de sa doctrine par un doute méthodique, universel; conception trop audacieuse pour être spontanée, et où nous avons cru voir la dernière phase d'une évolution qui aurait pour point de départ un scepticisme réel et involontaire.

Mais, qu'on y prenne garde, ce n'est pas en 1637 que Descartes peut avoir connu les angoisses de l'incertitude. A cette époque, il n'est plus qu'un philosophe et le doute est déjà pour lui le procédé nettement défini, choisi en toute liberté, qu'il nous indique dans le *Discours de la Méthode* : s'il a douté, c'est vers 1619, lorsqu'il venait de terminer ses études, quand il parcourait l'Europe à la recherche de la vérité, et demandait au rêve de lui indiquer sa route : or, comme Descartes philosophe n'est rien moins que sceptique, il faut, de toute nécessité, que la foi soit venue en aide à sa raison aux heures de découragement. Encore qu'elle soit assez séduisante, cette hypothèse est certainement très discutable. Qui sait cependant si, sous la plume d'un Cousin, elle ne paraîtrait pas l'expression de la vérité. Tout le monde n'a-t-il pas cru, jusqu'à la remarquable thèse de M. Droz[1], que Pascal, avant sa conversion, était un sceptique et un désespéré? Il se pourrait bien qu'il fût plus vrai, sinon plus vraisemblable, de se représenter sous les mêmes traits le jeune lieutenant du prince de Nassau.

Au surplus, ce n'est là qu'une explication des origines de la méthode cartésienne, qui ne fait point, si l'on veut, partie intégrante de ce livre. On se proposait surtout d'étudier le doute méthodique et le *Cogito ergo sum*. Quel a été le plan suivi?

Sur le premier de ces points, on a cru devoir subdiviser l'étude en deux parties : l'une, constituant comme la psychologie du procédé cartésien, s'attache au doute en lui-même; l'autre, qui se préoccupe de déterminer le processus de ce doute, a pour objet l'étude de son fonctionnement. Celle-ci sollicitait peut-être davantage l'attention, parce qu'elle devait nous conduire à un principe général, une sorte de formule qui se dégage spontanément de la marche du doute et nous en donne l'explication.

---

[1] Édouard Droz. *Étude sur le scepticisme de Pascal, considéré dans le livre des Pensées.* Thèse. 1886.

Notons au passage le rôle considérable que joue la volonté dans cette méthode dont elle est à la fois le caractère, le principe et le ressort, rôle qu'on a tâché de mettre en lumière dans chacune des deux parties de ce premier chapitre. Le doute méthodique ne nous conduit point jusqu'au néant : il nous pousse, sur le bord de l'abîme, jusqu'à un minimum d'être, d'où la raison prend ensuite son essor vers l'être plein. Ce minimum d'être, c'est la volonté.

En travaillant avec Descartes à cette grande élimination de tout ce qu'il y a de douteux dans les connaissances humaines, nous avons rencontré, en même temps que lui, cette première certitude : Je pense, donc je suis.

Il eût peut-être été logique d'en poursuivre aussitôt l'analyse. Il a paru plus intéressant de laisser d'abord la parole à quelques-uns des contemporains et des successeurs de Descartes, qui ont, comme à plaisir, dénaturé sa pensée. Il était impossible cependant de signaler toutes les objections et toutes les fausses interprétations : on n'a indiqué que les principales[1], en

---

[1] A noter cependant : *Lettre d'Arnauld à Descartes*, juillet 1648. « Comment se peut-il faire que la pensée consti-

s'efforçant d'y marquer les progrès continus de la philosophie et de la critique. Les scolastiques, Arnauld, Gassendi, Kant, Maine de Biran

tue l'essence de l'esprit, puisque l'esprit est une substance, et que la pensée semble n'en être qu'un mode ? Puisque nos pensées sont souventefois différentes les unes des autres, il semblerait que l'essence de notre esprit dût aussi souventefois être différente. Puisqu'on ne saurait nier que je ne sois moi-même l'auteur de la pensée que j'ai maintenant, s'il est vrai que l'essence de l'esprit consiste dans la pensée, il semble que je puisse en quelque façon être considéré comme l'auteur de son essence, et partant que je puisse aussi me conserver moi-même. Je vois bien néanmoins ce que l'on peut ici répondre ; c'est à savoir que Dieu est cause que nous pensons, mais que nous-mêmes, aidés par le concours de Dieu, sommes causes de ce que nous avons telles ou telles pensées. Mais il est très difficile de comprendre comment la pensée en général peut être séparée de telle ou telle pensée en particulier, si ce n'est que cette abstraction se fasse par le moyen de l'entendement. C'est pourquoi si l'esprit est lui-même la cause de ce qu'il a telles ou telles pensées, il semble aussi pouvoir lui-même être la cause de ce qu'il pense simplement, et par conséquent de ce qu'il est ».

Et la réponse de Descartes du 25 juillet 1648.

« J'ai tâché d'ôter l'ambiguïté qui est en ce mot de *Pensée* dans l'article 63 et 64 de la première partie des *Principes ;* car, comme l'extension qui constitue la nature du corps diffère beaucoup des diverses figures ou manières d'extension qu'elle prend, ainsi la pensée, ou la nature qui pense, dans laquelle je crois que consiste l'essence de l'esprit humain, est bien différente d'un tel ou tel acte de penser particulier. Et l'esprit peut bien lui-même être la cause de ce qu'il exerce tels ou tels actes sont venus tour à tour expliquer à leur façon et combattre le *Cogito, ergo sum*.

Pour savoir si leurs objections étaient fondées, et leur analyse du principe cartésien exacte, on a tâché, à l'aide des textes, en tenant compte de cette grande règle de Pascal : « Pour entendre le sens d'un auteur, il faut accorder tous les passages contraires »[1], de reconstituer la doctrine du philosophe ; elle paraît se résumer ainsi : par la vue de l'âme ou *l'intuition*, j'acquiers la certitude de l'existence de ma *pensée* et du moi, en tant que *substance pensante*.

La critique moderne n'admet pas cette théorie sans quelques réserves : ces réserves ont été indiquées, et le lecteur pourra juger de ce qui, après elles, subsiste encore du cartésianisme à ce point de vue.

---

de penser, mais non pas de ce qu'il est une chose qui pense..... Par la pensée donc, je n'entends point quelque chose d'universel qui comprenne toutes les manières de penser, mais bien une nature particulière qui reçoit en soi tous ces modes, ainsi que l'extension est aussi une sorte de nature qui reçoit en soi toutes sortes de figures. » Édition Cousin, t. X.

[1] Pascal. *Pensées*, article XVI. Pensée 11. Édition Havet, p. 259.

Enfin, tout en affirmant que le premier principe de Descartes lui appartient en propre, on a, conformément à son désir, cherché à l'appuyer sur l'histoire, et signalé ses analogies avec des doctrines antérieures.

Telles sont les grandes lignes de cette petite étude. Ce n'est point une œuvre originale, comme on peut le voir; l'auteur ne fait même pas difficulté d'avouer qu'il a eu souvent recours aux beaux ouvrages inspirés, même de nos jours, par le système cartésien : ce n'est qu'aux riches qu'on peut emprunter.

On n'a pas davantage la prétention d'avoir, dans les développements qui précèdent, épuisé la question. Il n'est peut-être pas de philosophie plus féconde, ni plus suggestive que celle de Descartes, et beaucoup de ses théories sont reprises de nos jours avec succès. Au point de vue qui nous occupe, il est encore nombre de questions qui, de près ou de loin, se rattachent à cette étude : théorie des idées innées, théorie de la substance, etc. Même sur les points traités, il reste beaucoup à dire; mais :

« Qui ne sut se borner, ne sut jamais écrire. »

et même en se bornant....

II

CONCLUSION.

Qu'on nous permette cependant, comme dernière considération, de faire ressortir l'importance du *Cogito, ergo sum,* dans l'histoire de la pensée humaine.

Ce principe a été vivement attaqué par la critique contemporaine. Mais, quelques restrictions qu'on puisse y apporter, il ne cessera d'être un irréfutable argument contre le scepticisme et contre le matérialisme.

Aux sceptiques, il oppose définitivement la possibilité d'arriver à une connaissance certaine, celle de notre pensée, de notre conscience. Un poète, qui est aussi un philosophe, exprime en ces termes la victoire de Descartes :

« Descartes, fondateur nouveau de la pensée,
Sur tout ce qu'il a su fait une nuit sensée.
Soudain la conscience, au choc de la raison,
Jette son étincelle et l'Infini s'éclaire !
Alors, fermant sa porte au brouillard séculaire,

Il rebâtit le monde en sa propre maison,
Où le doute acculé n'a plus trouvé d'asile[1]. »

Contre les matérialistes, il met en valeur que le premier fait connu de nous est un fait de conscience : et la conscience est de telle nature qu'aucune combinaison d'éléments matériels n'en peut rendre compte.

A ce double point de vue, la philosophie cartésienne conserve, même à l'heure actuelle, son entière valeur; ce qui explique qu'après deux siècles passés, et malgré les progrès de la raison humaine, on puisse encore s'y attacher avec profit.

D'ailleurs, il ne faut pas oublier la place considérable que Descartes occupe dans l'histoire de la pensée. Kant affirmait, un jour, que tout philosophe, à quelque secte qu'il appartînt, devrait, à l'avenir, compter avec sa critique : cette orgueilleuse prédiction paraît s'être réalisée, et tous les penseurs modernes discutent ou acclament à l'envi les doctrines du philosophe allemand. C'est un honneur pour la France que, malgré cet engouement

---

[1] Sully-Prudhomme. *Poésies.* — *La Philosophie moderne* (Faustus). Poésies, t. V, p. 245. Édition Lemerre.

en quelque sorte universel, le nom de Descartes soit resté assez grand pour partager la gloire de celui de Kant, et pour que tous, en passant, doivent lui rendre hommage.

A ce titre, c'est presque un devoir pour tout jeune philosophe, que de vivre quelque temps dans l'intimité de ce puissant génie : devoir qu'on ne doit pas redouter, car Descartes, désireux d'attirer à lui toutes les bonnes volontés, excuse, par avance, ceux qui n'arrivent pas à la pleine intelligence de sa philosophie : « Je sais, leur dit-il, qu'il est
« très malaisé d'entrer dans les pensées d'au-
« trui, et l'expérience m'a fait connaître com-
« bien les miennes semblent difficiles à plu-
« sieurs[1]. »

---

[1] *Lettre à un R. P. Jésuite.* Édition Cousin, t. IX, p. 162.

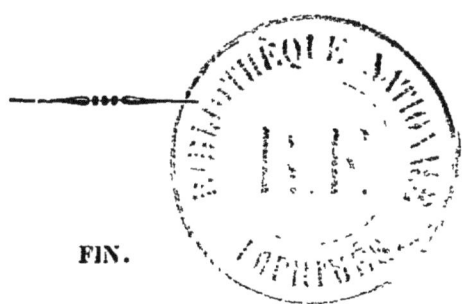

FIN.

TABLE DES MATIÈRES

	Pages.
PRÉFACE	1
BIBLIOGRAPHIE	5

INTRODUCTION

I. Tendances de la philosophie au temps de Descartes.. 7
II. Le tempérament de Descartes. Dispositions naturelles. Dispositions acquises................. 11

CHAPITRE I. — LE DOUTE CARTÉSIEN.

I. L'évolution du doute de Descartes : ses 4 phases. 17
II. Le doute méthodique. — Ses caractères : activité ; universalité ; volonté. — Son but : en quoi il se distingue de celui du scepticisme. — Ses limites : vérités morales ; vérités religieuses.. 25
III. Le doute méthodique (suite). — Son point de départ : idées ; jugements. — Sa marche : données des sens ; données de l'imagination ; données intelligibles (conclusions, notions simples). — Le principe de sa marche. — Ses résultats : Cogito, ergo sum ; autres résultats............ 33
IV. Remarques sur la méthode du doute systématique 45

CHAPITRE II. — DES PRINCIPALES CRITIQUES ADRESSÉES AU *Cogito, ergo sum*.

I. *Il est stérile.* Ce principe n'est qu'une tautologie (Objection des Scolastiques)................. 49

	Pages.
II. *Il est incertain* (Objection du cercle vicieux de la Philosophie cartésienne)...................	53
III. *Il est illégitime*. Il présuppose déjà des connaissances (Objection d'Hyperapistès). — C'est un syllogisme (Objection de Gassendi). — Critiques de Kant et de Maine de Biran.........	56

CHAPITRE III. — INTERPRÉTATION DU *Cogito, ergo sum*.

I. Vue d'ensemble de la théorie cartésienne du Cogito, ergo sum...........................	81
II. Cette théorie est celle de Descartes............	86
III. Conciliation proposée entre les textes qui posent le Cogito, ergo sum, comme dû à l'intuition et ceux qui le donnent comme obtenu par un syllogisme..........................	93
IV. Raisons qui justifient cette conciliation.........	99
V. Le Cogito, ergo sum, devant la critique moderne.	105

CHAPITRE IV. — LE *Cogito, ergo sum* AVANT DESCARTES.

I. Considérations sur la place de ce chapitre......	111
II. Saint Augustin.	116
III. De quelques autres philosophes...............	122

CONCLUSION.

I. Résumé des considérations précédentes.........	129
II. Conclusion.................................	136

Félix ALCAN, Éditeur

Descartes, par L. LIARD, Membre de l'Institut, Directeur de l'Enseignement supérieur, 1 vol. in-8°, de la *Bibliothèque des philosophes contemporains*... **5 fr.**

Descartes. *Discours sur la Méthode*, avec introduction et notes par V. BROCHARD, professeur à la Sorbonne. 4ᵉ édition, 1 volume in-12............ **1 fr. 25**

REVUE PHILOSOPHIQUE
DE LA FRANCE ET DE L'ÉTRANGER

Dirigée par TH. RIBOT, Professeur au Collège de France

(22ᵉ année, 1897.)

La REVUE PHILOSOPHIQUE n'est l'organe d'aucune secte, d'aucune école en particulier.

Elle ne néglige aucune partie de la philosophie, tout en s'attachant cependant à celles qui, par leur caractère de précision relative, offrent moins de prise aux désaccords et sont plus propres à rallier toutes les écoles. La *psychologie*, avec ses auxiliaires indispensables, *l'anatomie et la physiologie du système nerveux*, la *pathologie mentale*, la *psychologie des races inférieures et des animaux*, les *recherches expérimentales des laboratoires*; — la *logique*; — les *théories générales fondées sur les découvertes scientifiques*, — l'*esthétique*; — les *hypothèses métaphysiques*, tels sont les principaux sujets dont elle entretient le public.

Plusieurs fois par an paraissent des *Revues générales* qui embrassent dans un travail d'ensemble les travaux récents sur une question déterminée : sociologie, morale, psychologie, linguistique, philosophie religieuse, philosophie mathématique, psycho-physique, etc.

La REVUE désirant être, avant tout, un organe d'information, a publié depuis sa fondation le compte rendu de plus de quinze cents ouvrages. Pour faciliter l'étude et les recherches, ces comptes rendus sont groupés sous des rubriques spéciales : anthropologie, juridique, esthétique, métaphysique, théorie de la connaissance, histoire de la philosophie, etc., etc. Ces comptes rendus sont, autant que possible, impersonnels, notre but étant de faire connaître le mouvement philosophique contemporain dans toutes ses directions, non de lui imposer une doctrine.

En un mot, par la variété de ses articles et par l'abondance de ses renseignements, elle donne un tableau complet du mouvement philosophique et scientifique en Europe.

Aussi a-t-elle sa place marquée dans les bibliothèques des professeurs et de ceux qui se destinent à l'enseignement de la philosophie et des sciences ou qui s'intéressent au développement du mouvement scientifique.

La REVUE PHILOSOPHIQUE paraît tous les mois, par livraisons de 7 feuilles grand in-8°, et forme ainsi à la fin de chaque année deux forts volumes d'environ 680 pages chacun.

Prix d'abonnement :

Un an, pour Paris...................... 30 fr.
— pour les départements et l'étranger.. 33 fr.
La livraison....................... 3 fr.

Table générale des matières, contenues dans les douze premières années (1876-1887). 1 vol. in-8°.................. **3 fr.**
Deuxième table des matières, années 1888 à 1895, 1 volume in-8°.................................... **3 fr.**

Grenoble, imp. ALLIER.

Milton Keynes UK
Ingram Content Group UK Ltd.
UKHW022117030324
438776UK00008B/1300